教養としての編集

武蔵野美術大学出版局

『教養としての編集』について

本書は前著『編集研究』の改訂版に当たる。前著は、二〇〇二年に本学通信教育課程発足とともに開講した芸術文化学科必修専門科目「編集研究」の教科書として編纂《へんさん》したものだが、開講当初より、初学者にとってはいささか難しい内容であるとの評判をいただいてきた（必ずしも難解だというには当たらないと思うが）。改めてその前書きを読み直してみると、自分で書いた文章とも思えないほどにその高揚した文体に驚く。かなり面映《おもは》ゆい。新たに発足させる専門科目として位置づけるに際して気負っていたのだろう。

編者のこの姿勢が、共同執筆の諸氏に「編集当事者としてリアルな話題を提供していただきたい」という注文になり、それに各人が応じてくださったので、とても高度な諸論説を収録することができた。ことさら晦渋《かいじゅう》な文体を弄する方々ではないのだが、しかし初学者が主たる読者がであることを意識して諄々《じゅんじゅん》と説く姿勢を必ずしも要求しなかったのは偏《ひとえ》に編者の責任である。

このため比較的早くから改訂への要望が寄せられていたが、編者の前著に対する執着も捨てがたく、もっぱらスクーリングが教科書読解のための手解《てほど》き講座の様相を呈してきた感は否めない。このことが必ずしも学生諸氏の不興を買ってきたとは思わないが、この事態が常態であると言いつのるのは心苦しい。そこで再版せずに大幅な改訂を行い、書名も改めて刊行することになったのが本書である。

第1部は全面的な改訂となった。編集に関する日頃からの関心や予備知識、実務経験がなくても容易に理解できるような執筆を心がけた。執筆者も少し交代したが、本書においても各人が現代の視点に立った論考を試みている点において、前著と変わりはない。

第2部は、前著をほぼ踏襲して日本の近代出版文化に足跡を残した諸先輩の文章を収録したが、一編だけ入れ替えた。ほぼ半世紀以上昔に執筆された歴史的文献であるが、何時の時代にあっても、きわめて若々しい思考が出版編集の現場を支えてきた事実を了解していただけると確信している。近年、この辺りの文献を渉猟して詳細な検討を加えた研究書が刊行される例が目につく。うれしい限りである。実は、出版印刷史を踏まえた論考は、近代日本の芸術活動をかなりドラスティックに洗い直すための一つの手掛かりになると確信している。

加えて、大幅改訂へのもう一つの強い要求は、本科目発足後も更に加速するDTPを始めとする印刷・出版事情の激変に加えて、Ｗｅｂ環境（ケータイ環境と言うべきか）の普及がさらに追い打ちをかけてきたことによる。この構造変革の大津波は当分収拾のめどが付きそうもないが、この間にもたらされたいわば素人総編集者の時代はすでに後戻り不可の局面を遥かに越えてしまった。

我々「近代人」にとって、「よみかきそろばん」と同様に「編集」がのっぴきならない生存の手段であることに、いまや全く不思議を感じることはないが、振り返ればこれはさほど昔からの常識ではない。そこをもう一歩踏み込んで、「編集」の何たるかを知っておくことは、現代から近未来にかけての必須条件ではなかろうか。

『編集研究』はここで書名を改め、よりひろい教養と常識のなかにＷｅｂ環境を取り込もうとしているが、この間一〇年足らずであった。この経過をどう了解するのか、読者諸氏とともに柔軟に対応していきたいと願っている。

（酒井道夫）

目次

●**第2部**

第1部

編集とは何か——Ｗｅｂ時代に向けて

酒井道夫

1　なぜ教養なのか

「教養としての編集」という言い方が、現代の「教養人」にはかなり唐突な印象を与えるだろうということは承知している。これはいわば惹句《じゃっく》としての効果を狙ったものであることをお許し願いたい。「教養」がどこから来たことばなのか、いつ頃から使われ始められたものかを詮索《せんさく》し始めると面倒なことになるが、ここではとりあえず「たしなみ」と言い換えてみようか。

「音楽や文学、芸術や学芸にいささかのたしなみがある」といえば、抵抗なく了解してもらえるだろうが、これと同じ感じで、「編集に関して、ある程度たしなみがある」という状況が現代ではかなり大きな意味を持つようになってきたといいたいのである。「たしなみ」とは含蓄のあることばでもある。

私は車や列車に関する雑学をかなり蓄えていて知人に物好き扱いされているが、これらに関する知識がいかに豊富でも、たしなみがあるとはいってもらえない。同じことは、例えば多種多様なカメラの機種に関していかに詳しかろうが、それでたしなみがあることにはならない。ところが「写真に詳しい」といえば、いまやそれは「絵画に詳しい」にも匹敵するたしなみになる[1]。

現在では、デジカメやケータイの普及で、何の予備知識もなく誰でも写真が撮れるようになったが、加えてパソコンを用いれば、実はかなり手の込んだ編集作業ができる。手元のカメラで気軽に撮った写真は上手《うま》かろうが下手であろうが、さほど気にならない。だが、「良い写真」というものが別にあって、そこでは「素直な作品」とか「巧みな技巧」とかと並んで、教養に裏付けられた奥行きのある作品を生み出す手腕が一目置かれる。車や列車に関する知識がいかに豊富であろうとも、これをもって「教養がある」という評価はあまりなされないだろう。写真と車とではその関わり方に微妙な差がある。

さて、パソコンの登場で文明構造に様々な変化が生じたが、私の立場からいえば、これによって編集という行為のおかれている社会状況ががらりと変わったのである。DTPということばは文字通り「卓上出版(Desktop Publishing)」という意味だが、つまり誰でもが編集出版できる環境が整って[2]、早い話が、教養の裏付けがない出版物が巷《ちまた》に氾濫する状況を生んでしまった。いわゆる内容に関しての教養が有る無しはこの際置いておくとして、その作り方、編み方に教養の片鱗もない出版物があまりにも多過ぎるのが目立つ今日この頃である。受容する側の読者層も、自らの教養の尺度でこれらを評価する術《すべ》を持たない者が多い。これはあまり褒められたことではない[3]。

日本では、ウィリアム・モリスの活動をもって代表して語られる、西欧の一九世紀末から盛んに行われた私家版は、日本でこれを実現するのは不可能だったといわれてきた。それは活字の数が問題になったからである。ちなみに、西欧の私家版活動が、その後のデザイン運動に大きな影響をもたらしたことは間違いない。

ところが日本における私的印刷工房の活動は、あまりにも膨大な経費を要しただけに、その経験を一般の愛好家層にまで普及させるには無理があった。従って、こうした試みの結果は特殊解として扱われる運命にあり、このため近代日本の出版やデザインの潮流にさしたる影響を及ぼすことはなかった。

ただ、和本に関していえば、江戸末期以来、市井の教養人を含めてそのたしなみとして本の制作・管理保存・修復等[4]に関する知識と技能を身に付けるのは当然とされていた。

本作り、つまり出版が商業資本のもとに専門職だけにゆだねられ、一般人の介入を許さなくなっていったのは、大量生産による版元出版システムが西欧産業革命以降の潮流を源とする文明開化に伴って我が国に流れ込んできたことによる。これで、私たちの書物や編集に関する知識・教養は一般知識人の介入を許さないブラックボックス化され、市井人の教養領域からは次第に排除されていった[5]。こうして現代人は、いつのまにか紙と書物のメディア特性に無関心になっていった。しかし、改めてパソコンによるＤＴＰの時代が到来してみると、失われた教養が大きなものであったことを今更ながら思い知らされる。編集の実際や、これに関する知識は豊かな教養の裏付けが必須なのだ。

しかし、今日の編集環境は、一般の市民的教養領域とはかけ離れた場所で行われている仕事で、到底素人の立ち入る世界ではなく、相変わらず、自分には無関係だと思われていても仕方がないかもしれない。それを承知の上で、ここであえて編集にかかわる諸問題を提示しようとするのが本論の目的である[6]。

2　編集って何ですか

編集という行為は、ある事柄（情報）を少数の個人や大勢の人々に伝える際に、これに一定の加工を施したうえで様々なメディアに乗せて送り出す手続きである。この加工に際しては時と場合に応じて様々な条件が加わるので、これらの諸条件を巧みに整理しつつ、伝達を全うするように努める。うまくいく場合もいかない場合もある。同じ手続きをとっても、意に添わない結果を招くこともある。そんな無原則な手続きについて、何を語ろうとしているのかといわれるかも知れない。にもかかわらず、編集については以下に漸次語っていくだけの今日的な問題が存在していると考える。

端的にいえば、これまで教養にかかわってきた領域は、文学や美術、音楽を始めとして、芸術万般、社会、宗教、人生と、様々な領域で深遠な内容を蓄積してきたが、現代人にとっては編集に関しても教養の範疇で捉える必要があると考えるからである。現代は「編集の時代」とも「編集者の時代」ともいわれていたりするが、これはなにも関係者たちが内輪で頷《うなず》いているだけの問題ではない。

かつて、「編集って何ですか？　私たちの日々の暮らしに直接的な関わりがあるのですか？」と、不服顔で問い質されたことがある。

「あなたのボーイフレンドのことを親御さんに報告する際に、お父さんに話す場合とお母さんに話す場合とでは微妙に言い方を変えてはいませんか？」
「決して同じようには言いませんね」
「では事実が一つでも、伝わり方は二通りですね。さらにそのことを弟さんに告げる場合とか友人に相談する場合とではまた違うでしょう。貴女は一つの事柄を臨機応変に編集していますね。なにも専門家だけが編集をしているわけではありません」(7)

〈ヒト〉はその時々の都合で情報を都合よく加工しているから、一つの事実でも伝わり方が一様ではない。ことばを介して社会を形成している人類は、太古の昔から情報の編集を行ってきたと考えなくてはならない。アリやミツバチが形成する社会構造と人間社会との大きな違いがここには歴然としている。

また、新聞やTVの報道に接して、私たちは「事実はこう語る」「真実を伝える正義」というような惹句に慣れっこになっているが、考え直してみると本当に事実を正しく伝える方法なんてあるのだろうか？　と気付くはずである。

ことばの働きだけを注目してみても、その発信側と受信側それぞれにまつわる事情が異なっているだけに、情報の伝わり方は一様ではないどころか、無限のヴァリエーションを生む。(8)

加工にまつわる諸条件は、多岐にわたる。

情報を乗せる各媒体の物理特性、流通機構、貯蔵方式等に加えて、これを相互にやりとりする社会や個人が置かれている状況が、時と場合によって皆違う。これらの条件が複雑にからんでいるところに、この業務をビジネスとして成立させる場合、あるいは個人的な発信の段階に留めておく場合、その両者の中間、あるいは公文書のようなものに記録として残しておく場合等々、こうやって挙げていくとかなり面倒な話になっていって、やはり庶民的な関心事としては手に負えないと思われかねないが、ちょっと待って欲しい。

ある事柄を他に伝える際には、まずその事柄の周辺に横たわる直接間接のもろもろをどこまですくい、どこから切り捨てるのか？　その事柄にまつわる前後の時間的経緯を考慮に入れるのか、入れないのか？　これらは編集者の匙加減《さじかげん》次第である。

この際の判断は、その事象に当面する編集者が持つ恣意《しい》性にゆだねざるを得ない。その判断基準は、編集者の人となりも大きく働くだろうが、多くの場合は情報を受容する側の心的状況をおもんぱかりつつ、自身の立場をできるだけ鮮やかに印象づけるような作為が働きがちなのは当然の成り行きであろう。たとえば、戦場のような極限状況に身を置いて命を張って取材し、その生々しいニュースを安穏な日常に暮らす故国の人々に伝える立場にある記者たちの苦しい状況は想像に難くない。身を置く立場にあまりにも大きな差異がある場合の報道は難しい(9)。これをミニマムな局面でいえば、恋人の存在を両親や周辺に伝える際に、胸を痛める乙女の心情と似ているといえば怒られるであろうか？

さて、こうして取材した「事実」は、さらに特定のメディアに乗せて運ばれ、各々の端末に表示される。これが一五世紀に近代印刷術が登場して以来の、そして殊更には現代の大きな特徴である。

この際、どんなメディアを使うのか。あるいは特定メディアの側からの指名による取材活動であれば、それを前提にした取材姿勢が当初から働く。端的にいえば、戦局報道ならば、米国向けなのかロシア向けなのか、はたまたアラブ寄り報道機関の注文によるのかで、その加工程度が極端に異なってしまう。到底一つの事実を根にした報道とは思えない内容になったとしても不思議ではない。

　この一事をあげるだけでも、「事実をありのままに報道する」という惹句は一見かっこいいが、こんなことはあり得ないといわなくてはならない。その惹句自身がすでに不誠実な言辞であるが、どうもこのことに無神経な大報道機関が跋扈《ばっこ》する巷であってみれば、我々自身が、編集のプロセスをある程度まで知っておくことは、現代を生きる教養人として必須の条件ではないだろうか。伝え方、伝わり方、受け取り方がこれだけ多岐にわたるものであれば、これを教養的次元で捉える必要が生じてきているのだということを漸次述べていきたい。

3　事実はまず口伝えから

　伝えられる情報が上記の理由で、数学の等式のように「事実$_1$」イコール「事実$_2$」とはいかないのであるが、では情報はどんな経路をたどって需要者の側にたどり着くのであろうか。

　太古から近世にいたるまでの経過の中では、事柄は主として「ことば」に置き換えられてきた。視覚的な情報の伝達は、直視以外には極めて特殊な手段によった。[10] 一九世紀を迎えると、必ずしもことばを介さないで直接イメージを伝える漫画、写真等が重要な位置を占めるようになっていき、やがては映画やＴＶの躍進で、映像が基幹メディアの主役とされるにいたっているのが今日である。

視覚的な情報伝達でいえば、西欧発生の銅版画および写真が伝える生けるがごとき生々しい映像が、西欧文化の学術的、政治経済的な世界制覇に決定的な役割を演じた、とするのがもはや定説である。しかしそれはともかく、多くの人々が印刷媒体をメディアとして共有するようになる以前までは、気の遠くなるほどの長きにわたって情報のやりとりを主として口承にゆだねてきた。

それは日々の暮らしの場面から宗教や学術的領域にいたるまで、つい先日までがそういう状況でもあったことを忘れるべきではない。私たちの曾祖父《そうそふ》のあたりまで読み書きの習慣を持たなかったとしても、それは決して珍しいことではないのだ。

口承とはどんなものか？　ここで改めて古代の口承文学といわれる『日本書紀』『風土記』等をあげて遡《さかのぼ》って検討するのも大切だが、この際性急に話を進めてしまえば、つい近年まで日本各地の津々浦々に都大路の華やぎや政治がらみの伝聞を伝えたのは、様々な商行為をなしつつ流浪する民や遊行の僧たちにその役回りがあった。この人たちが伝える話は、まずは面白可笑《おもしろおか》しい脚色なしにはあり得なかった。それでも各地の定住民にとっては、必須のニュースソースであったに違いない。(11)　これらは話芸や遊芸としての領域を形成していくことになる。

では口承は遠い過去の伝達手段かというと、そんなことはない。ある意味、我々の日々は口承による伝達事項に翻弄されているといっても差し支えない。夫婦間の微妙な絆《きずな》は、ほとんどが口伝えによる情報交換で成り立っているはずだ。[12]乳飲み子と母親の交渉を見ていると、当初は本能の赴くままに泣き叫んでいた我が子が次第に言葉らしき分節的音声を発するようになってくるのに一喜一憂。それも束の間、時を経ずしてことばは遊戯的にもてあそぶものとしても位置づけられ、ことばが必ずしも事実を告げることだけに使われるものではないことを、早くも幼児は学習するのである。母子間、あるいは家庭内でのことばの遊戯的な使われ方を足場にして、やがて子供は豊かな言語世界に遊ぶ味わいのある人格を築いていく。

どんなに社会がWeb的局面に移行しようとも、このような口承的レベルから人間が解放されることは今後もなかろう。この手段によるコミュニケーションの実態を無視して、〈ヒト〉の社会関係が維持できると勘違いすると、思考が極端に観念的になって危険な反社会的行動に駆られたりする若者が出現する。[13]

一方、事実を事実として伝える手段を、まずことばにゆだねるのは当然だ。しかし「腹が減った」「痛い」等の事実をそのことば通りに伝達するのは簡単だと思いがちでも、ことばの綾を操るのを常とする〈ヒト〉が、その事実を他に伝える手続きはさほど単純ではない。私の古い友人は、当初獣医の資格を取得してその立場で活動していたが、後に必要が生じて〈ヒト〉にかかわる医師免許を取得した。

「馬を診断するのと〈ヒト〉を診断するのではどこか違う?」

「大違いだよ。馬はその鳴き声でどこが痛いかすぐ分かるが、〈ヒト〉は本当は痛くなくてもイタイと言うし、痛いのにイタクナイという厄介な生物だ」

様々な人物の発言の真意を問う詮索は、日頃のジャーナリズムが話題にする報道の相当部分を占めているのも不思議ではない。では「ことばを介して事実を伝える」、あるいは「知ること」が空しいことかというと、一概にそういって済ませられる問題ではない。おおむね我々はことばによって事実の片鱗を摑《つか》むのを常としている。現代ではことばを介さないまま、医療検査によって病気の事実を摑む手段があるが、この事実を患者本人や家族に伝えるに当たって、ことばを使わないで伝えるのは容易ではない。さらにこの場合の事実を正確に伝えることの困難さは「言語に絶する」。

ところで、ことばを介して事実を事実として伝えることの難しさを述べてきたが、この情報を紙や電波に乗せたり、いわんやＷｅｂに託すとどんなことになるのか考えてみたい。

しかし、もうあまり多言を要しないであろう。

つまり情報化された事柄は、文書にしたり、映像にしたり、演じたりすることによって、元は一つの事柄が様々に変容して伝達されていく。意図的に歪曲《わいきょく》するのは論外として、元の「事実$_1$」に発したとはいえ、それぞれのメディアに馴染《なじ》む相貌を纏った「事実$_2$」「事実$_3$」「事実$_4$」……、と伝えられていくのは致し方ない。

「歪曲するのは論外」とはいったが、実は歪曲の機会も無数にあるし、一切の恣意性なしに伝達するのは不可能だ[14]。にもかかわらず、ことばによる事実告知の心もとなさを暗黙の上で相互に了解しつつ、〈ヒト〉の社会は成立している。〈ヒト〉である限りそうする以外に術がないのだ。この現実を前にして、宗教者であれば、これが人間による社会形成の限界であるというであろう。ことばを介さないで社会を形成する状況は、かなり特殊な範囲に限定されて存在しているか、未来型SFの舞台にある[15]。それだけに、対社会に向けて編集・伝達行為を行う立場にある報道機関の言動は、自制的であることが必須なのだが、これもそんなに容易ではない。だからといって、彼らを一気に規制的規律に従わせるとしたらそこには全体主義的な管理体制が待っている。もうその足音はつい眼前に迫っているのかも知れない。このように言語は我々の社会構造を決定づけている一方、馴染みの薄い言語圏相互の折衝が極めて困難な状況を招きがちになるのもむべなるかなということだ。

4　書物と他の様々なメディアを巡って

口承によるメディア環境が、太古の昔から今日に至る永きにわたって重要な領分をつかさどってきたとはいえ、情報を文字に落とし込んで伝達、貯蔵するにいたってからというもの[16]、特に書物が冊子《さっし》形態を獲得してから後は、さらに検索、比較の操作が容易になった[17]。以来、文明の拡張状況は驚異的で、これを進歩史観で解釈し、「人類は無限に進歩する」とした楽天思想が蔓延《まんえん》したのは二〇世紀の大きな特徴だったのかも知れない[18]。

ただ一九世紀の半ばから特に二〇世紀の前半に至るまでは、筆写と印刷以外のメディアはさほど重要な位置になかった。ところが、これから以降の約半世紀余りの年月の間に、視覚聴覚にかかわる多様なメディアが群雄割拠するにいたった。なかでも写真は発明以来（一八三九年）、ほぼ一七〇年の歳月を経て今日に及んでいる。これに促されて映画が登場（一八九四年）。トーキーが実現する（一九二九年）。音楽には録音ビジネスが発生する（一八七八年）。それまで音楽は、芝居や舞踊、サーカス等の興行と同じく「生」で鑑賞するものであったが、楽譜印刷の出現以降、作曲家がその売り上げで生計を立てることを可能にし、パトロンの庇護から独立した。一方、演奏者はレコード（ＣＤ）の売り上げで生きていく術を得た。役者は映画、ＴＶドラマに活路を見いだし、スポーツ観戦もＴＶの中継枠が絞られると途端に人気を失って存亡の危機に立たされる。

しかし、これらの全メディア環境がＷｅｂの登場で著作権にかかわる環境の維持が危うくなりつつあるのが、近年の深刻な状況である。現在の著作権環境は、レコードやＣＤというメディアが登場したからこそのオイシさであった。この環境から派生して著作権の設定が可能になった。肝心のメディアが消滅しつつあるのに、権利だけが残ってもそれはナンセンスでしかない。この権利は元来の人間の生存権とは別物である。(19)

音楽や演劇、映像等に関して、そのメディア構造をこれ以上云々する立場にいないので、以下では話題を紙メディアおよびその周辺に戻して、少し詳しく述べておきたい。

今日の文明構造のなかでは、文字群や図版の視覚情報を支える基幹メディアが紙によって成り立ってきたのは周知のことだが、古来、これ以外の情報支持体が多様に活用されていたことは、中国や日本の石碑、メソポタミアの粘土板、エジプトのパピルス、そのパピルスの代用品として台頭したといわれるパーチメントやヴェラム、主としてパーム椰子《やし》の葉を支持体にする貝多羅葉《ばいたらよう》、竹簡、木簡等々、このほかにもまだあるだろうが、これらのすべてが滅び去った過去のメディアであるとは限らない。今日でも思いがけなく生き長らえていたりもするし、紙よりも遥かに長いあいだ基幹メディアであり続けたものもある。南米のインディオが使っていた縄文字は、疾走する走者が駅伝方式でこれを運び、一日三〇〇キロ以上の遠方まで到達したといわれる。

さらに文字群や図版の周辺にまで視野を広げてみると、音にかかわっては、鐘や太鼓、あるいは半鐘、かつて東京で昼を告げたという午砲《ごほう》（どん）や羅宇《らう》屋の汽笛みたいなものまであげていくと、これらもそれぞれ具体的な伝達内容を帯びていた。

視覚情報としては、狼煙《のろし》、手旗、鏡の反射による信号というのもある。

こうしてあげてみると、〈ヒト〉の社会は、口承的手段のほかにさまざまなメディアを昔から操っていて、ある時期から紙の文書が基幹メディアの位置に据わったことになる。これに文字でことばを定着させ、論考や思想を深化させる助けとして利用するにはとりわけ冊子構造が大きな役割を演じた。これにより、〈ヒト〉は文明のさらなるコード化を促した。これが紙の文明である。[20]

やがて一九世紀後半以降になると、このメディア状況にさらなる異変が起こった。写真、映画、電信、レコードの登場は、それまで不可能であった音声と映像の伝達・保存を可能にし、これが電信技術に乗って素早く世界に配信される事態になる。こうしてまるで紙メディアを脇に追いやるがごとき勢いが生じているのが現代だろうか。

ここにいたるまでの紙以外のメディアが、紙より劣っていたとは一概にはいえない。古代メソポタミアの文明が今日に伝えられているのは、それが超安定な素材である粘土板に楔形《くさびがた》文字が刻まれていたことによる。これが水火に弱い紙上に記された文書であれば、こんなに遥かな時間を経た今日まで、かつての文明の生々しい息吹を伝えることはなかっただろう。石碑にも同じことがいえるし、パピルス、パーチメント、貝多羅葉といったメディアも、現代の紙と比べれば、遥かに長寿命である。堅固な媒体に依存していたからこそ古代文明の息吹が遥か後の時代まで伝わったのだが、一方、紙は案外脆弱《ぜいじゃく》な支持体であって、現代文明の仔細な姿は早晩忘れ去られる運命にあるのかも知れない。しかし、紙媒体が極めて重要な特徴を持っていることはあげておかなくてはならない。

〈ヒト〉を含めた生物の生涯は、間断なく一つながりで一直線（線的）に辿られる。この間一瞬たりとも切れ目はない。中断も、交錯も、反復も、省略も、飛躍もない。つまり事態は時間に沿って線的に経過する。ただ、個々の生命体の運命は極めて不条理な状況に弄《もてあそ》ばれるが、一個の命そのものは極めて線的な営為である。

文字を使って紙に記録する方法は、この線的な事態を記すのに好都合であった。当初、紙は巻子状《かんす》に巻かれていたと説明されることが多い。巻物として保存されたメディアは、パピルスや竹簡がそうであるし、獣皮を用いるパーチメントも多くは巻子状に仕立てられた。

口承による歴史叙述も線的に語られるが、巻子に委ねられた記述もやはり線的な構造を持っている。

古代の歴史文書である『古事記』『日本書紀』等が線的記述によっているといわれるのは、それが語られ、そして巻子状の文書に記録されてきたからだ。巻子の上では極めて坦々とした年代記として記述された。

今日でも、巻物の構造に似たメディアとしては、つい先日まで主要なメディアであった録音テープ、ビデオテープ等があげられる。これらに付きまとった巻き戻し、早送り操作の煩雑さはいまや早くも忘れられつつあるが、同じようなことは、映画にもいえる。映画館に入って寝込んでしまい、終演のベルに起こされたときには取り返しがつかない。これは巻子状のメディアが極めて線的な性質を持っていることから来た困惑である。

実は同様な観点からいえば、TVやラジオが流す番組にも同様のことがいえる。見そこねた番組を改めて見ようとすると厄介な手続きが必要だし、ほとんどあきらめた方がよい(21)。

ところが、紙でできた冊子は背を固めてページの集積になっている。これは融通の利かない構造のように思われていて、カード式にバラしたりすれば便利だとする思いつきが散見されるが、これは愚かな発想である。ページがバラバラになってしまうと、その時点で線的構造が失われる。これでは歴史記述も、数学的論考も収められない。線的な構造を保ったまま、中断、交錯、反復、省略、飛躍のすべてを許容するのが冊子構造である。読書の途中でちょっと眠ってしまっても、本は待ってくれている。二冊も三冊も同時に読み進めたり、複数の記述を比較検討するのも可能だ。無論、反復熟読は外国語習熟に必須だし、教科書、教典等はこれを前提として編まれる。またぱらぱらっと飛ばし読みだってできる。これらの機能が近代の思想や技術の急速な展開にいかに寄与したかは、想像を絶するものである。いわゆる合理主義は、冊子状書物の出現なくして生まれ得なかった。(22)

こうして重層化された記述を、さらに巻、編、部、章、節、項のごとくに領域区分し、階層の概念を導入することで、我々の思考構造を整えたのである。こうしたことで、複雑かつ錯綜を極めた論考も整然とした形式の中に収納できるようになった。(23)

かつてエリザベス・アイゼンシュテインが「印刷革命」といったのは、(24)近代印刷の登場によって、文明構造から個人の精神構造までが書物構造になぞらえられるように変容したことを指していったのだと思うが、これに倣えば、基幹メディアがＷｅｂに変更される時点で、我々の文化と精神は本来的な意味で脱近代を迎えるであろう。

紙と印刷による冊子文明は強固な民族主義と同時に個人主義を生んだ。これらが必ずしも人類に恒久平和をもたらし得ないことが鮮明になりつつある現在、次なるＷｅｂ時代はどう展開するのであろうか？　近代的モラルでは制御しきれない時代であることははっきりしている。

そして、Ｗｅｂ時代の教養とはどんなものか？　人類は身体的文明を取り戻せるか？　そこでは編集はどう行われるか？

もう論考の域を遥かに超えたことばを吐いているようだ。新しい時代におけるメディア操作は教養ある諸君の采配にお任せするしかない。

註

(1) 現在、異様とも思える迫害に曝《さら》されている状況だが、ちょっと以前まで、喫煙もたしなみのうちに入っていた。場面次第では、文化や芸術の香りがする「たしなみ」であって、これなくしては生まれなかった文化的事象が数限りなくあることを忘れるべきではない。現在の魔女狩り的なヒステリー状況が、将来の何の予兆であるかを想像すると背筋が寒い。

(2) 初めてパソコンにのせられたDTPソフトは印刷・出版の業態をすっかり変革してしまうほどの衝撃的なものだったが、これは素人にも扱いやすい優れたソフトだった。プロの業界にとってはこれが機能不足であるとされ、よりプロ仕様のソフトが登場。今では後者が組版ソフトの標準機能になっている。そのためアマチュア仕様のDTPソフトは放置されたままになってしまった。当初の趣旨からいえば、前者のポリシーの方が未来を志向していた。現行のDTPソフトは業界の現状に迎合して停滞気味だが、あるいはこれは印刷出版事業全体の退行傾向と通じているのかもしれない。

(3) 欧文では、大文字、小文字、約物《やくもの》(文字や数字以外の各種活字の総称)を合わせて五〇種程度を所有していれば、大きな支障なく本文組みができるが、日本語の漢字仮名交じり文を組む場合には、ごく普通の文章でも七〇〇〇〜一万種の活字を用意していないといけないといわれる。従って、さらに複数のサイズ、書体について豊富に所有することがいかに困難なことであるかは明白である。現在、素人が使っているパソコン上には、つい一〇年前までは町々にあったプリントショップが所有していた種類より豊富なフォントがのっている。

(4) 修補、題簽《だいせん》貼り、虫干し、風通し、かがり糸の交換……。

(5) 内田魯庵等の努力を忘れたくない。一〇九ページ以下の「書籍の装幀の話」参照。
(6) 編集者は概して高学歴、高収入にもかかわらず、人を人とも思わぬ破廉恥な取材合戦に血道を上げたり、一方的な正義観を振り回して市井の人々の社会的面子を踏みにじって何とも思わないようなうさんくさい人種で、善良な市民がうかつに近寄るにはリスクが大きかったりする。実際、こんな報道被害は日々連発しているから、できることならあまりかかわりたくない領域であるとも思われているようだ。かと思えば、雲の上にいて高踏的な学術書を編んで世捨て人のような風貌を漂わせ、世間と一線を画して生きているような編集者もいる。つまり、世間から見れば両極端な位置に「編集」あるいは「編集者」は生息しているのが今日の実情だろうか。
(7) ある年度の「編集研究」スクーリング風景の中で展開された、いとうせいこう氏と学生とのやりとりからその光景を再編した。
(8) 何通りもの編集を施した事実は、受け手側でさらに何通りにも変容して伝わる。巷間《こうかん》の噂話は無限なヴァリエーションの波に飲み込まれて、あらぬ方向に広まっていく。
(9) 騒乱の取材の際に深入りして、命を落とす記者の心情は複雑であろう。
(10) 水晶球に映り込んだ遠方の景色を見せる占いとか、千里眼とか……。
(11) 参考/宮本常一『忘れられた日本人』(岩波文庫、一九八四年)
(12) 日頃擦れ違いの多い夫婦が毎日交換ノートをつけて絆を保つ話を聞かないでもないけれど、それって大丈夫?
(13) 二〇〇八年春の、秋葉原事件は思い出すだけでも憂鬱な気分にさせられる。問題を引き起こした若者の思考が身体性を離脱して、観念だけで独り歩きしてしまった。この事件をWebの影響であるとだけ括《くく》っておきたい意向が見え隠れするが、ことの発端は書物の登場以来、自らの独善を正義に言い換えて戦争を正当化する心情等と同じものではないか。

(14) 殺人事件の発生率が戦後最低レベルにあるといわれている今日、毎日、朝に晩にこれでもかこれでもかとハイエナのように殺人事件を追う報道は何だ。針小棒大も歪曲のうちである。これはもうすでに報道犯罪、社会壊乱罪の範疇に入るのではないか。

(15) 参考/ウィリアム・ギブスン『ニューロマンサー』(ハヤカワ文庫、一九八六年)

(16) 石碑、粘土、獣皮、貝多羅葉《ばいたらよう》、紙、活字、写真、映画、レコード、ビデオ、アニメ、Web……。

(17) 同じ書物でも、巻子《かんす》では検索、内容の比較、省略、飛躍等の操作が容易でない。冊子では、ページの集積に編み込まれた情報が重層的なcode構造を獲得した。

(18) 私の幼少年時にはこの考え方に一抹の疑いすら抱かなかった。第二次大戦直後の世を覆う楽天史観は恐るべき勢いであったと今更ながらに振り返るのだが、二一世紀の到来と共にこの風潮はものの見事に打ち砕かれた。とはいえ、まだ国家管理の初等教科書等は発達史観で満たされているのかも知れない。国民教育というものも、統一的内容の教科書を国内の児童が一斉に学ぶことによって国民意識を涵養《かんよう》するわけで、これが実践できなかった時代と国定教科書の時代、つまり江戸時代と明治以降とを比較すれば、同じ日本国民とはいっても個々人の帰属意識がかなり異なる。それだけ、統制された内容をもつ大量の同じような類の書籍がもたらす呪縛は大きい。

(19) 音楽は大道やホール、舞踏場、祭りの広場等で今後も長らえるであろう。文学や美術制作においても同じようなことがいえる。著作権はメディアあっての権利であって、今後現行のメディアが社会の主軸から外れていけば、これに伴ってきた権利は自ずから意味を失う。だからといって、音楽家や画家が社会的立場を失うことはない。生演奏は現在以降も珍重され、文学では再び口承が重んじられ、あるいは慶事を寿ぐ祝言《ことほ》や祝詞《のりと》、話芸は、あいもかわらず人間社会にあって重要な社会活動であり続ける。参考／岩戸佐智夫『著作権という魔物』（アスキー新書、二〇〇八年）

(20) codex. 巻子本を意味する volume に対して、冊子本は板片を綴じ合わせた文書の束を指していたとされる。法律や規則をページごとに整理、必要箇所が参照しやすい形にした。code の語源。

(21) 今日でも、線的に伝えられ、その一回性こそが珍重されるのは、音楽、演劇、舞踊、演芸の公演、あるいはスポーツの試合等、枚挙にいとまがない。音楽は、ともするとCD等の録音がメインであると思われがちだし、実際、コンサート活動を辞めてレコードの録音だけで音楽活動をした演奏者もいるし、現在も事実上それを活動の軸足に置いているケースも非常に多いようだ。その一方で、再度、街頭で一期一会《いちごいちえ》の演奏に活路を見出そうとする動きもあることは注目しなくてはならない。音楽等が、レコードの発明以来、著作権物として認められるようになってから、その立場を基準にして活動するのが当たり前のようになってきているが、Ｗｅｂの登場によって、こういったメディアのあり方がその足下を揺るがす事態になっているとすれば、音楽は再び街頭に帰るのも自然の成り行きではないだろうか。

(22) 人類の未来にとって、合理主義が優れているかどうかについてはここでは触れない。

(23) この他、印刷の版式、印刷組版、製本の仕組み等については、別に様々な本があるのでそれらを参照して欲しい。参考／拙著『印刷文化論』（武蔵野美術大学出版局、二〇〇二年）

(24) エリザベス・アイゼンシュテイン『印刷革命』(みすず書房、一九八七年)

参考図書

関肇『新聞小説の時代——メディア・読者・メロドラマ』(新曜社、二〇〇七年)
黒岩比佐子『編集者国木田独歩の時代』(角川選書、二〇〇七年)
小田光雄『ヨーロッパ本と書店の物語』(平凡社新書、二〇〇四年)
小田光雄『書店の近代——本が輝いていた時代』(平凡社新書、二〇〇三年)
木股知史『画文共鳴——「みだれ髪」から「月に吠える」へ』(岩波書店、二〇〇八年)
辻惟雄『奇想の江戸挿絵』(集英社新書、二〇〇八年)
ロジェ・シャルチエ編、水林章ほか訳『書物から読書へ』(みすず書房、一九九二年)

この他、基本的な文献については、拙著『印刷文化論』(武蔵野美術大学出版局、二〇〇二年)の巻末にあげている文献リストを参照されたい。

プロデューサー〈統括者〉としての編集者

――編集の現場から

田村　裕

1 「編集」という行為、「編集者」という人

初めのうちは、自分の拙《つたな》い原稿や企画・取材した記事が活字になり、多くの人に読まれることがたまらなくうれしく、誇らしくも感じた。刷り上がったばかりの雑誌を繰り返し眺め、さわったり、インクの匂いをかいだりしているうちに、そこに至るまでの苦労が消えていった。

今はもうその頃のようなみずみずしい感情は湧き上がってこない。目先の仕事に追われて先ばかり急いでいるのと、パソコンの画面上で原稿作成からレイアウト・組版が行えるDTPが一般化したために、早くから仕上がりがイメージできるのとで、つくり終えたという達成感が希薄になってしまった。加えてホームページの制作やWebマガジンの編集となると、迅速に情報を更新・修正できる反面、アップ後でも修正可能なために、着地点が実感しにくいのである。

だから今はむしろ、完成に至るまでの道のりで味わう、編集者ならではの楽しみ、喜びのほうが大きい。

たとえば、雑誌などの取材で相手から心に響く言葉を聞けた時、普通は立ち入りできない現場を取材・撮影できた時の、出会いの楽しみやナマの情報をキャッチした喜びは何ものにも代えがたい。またその感動をどうしたら読み手にうまく伝えられるかと構成や文章や見出しを考え、もがいているう

ちに、ふと出口の扉が開いた瞬間、それから苦労を重ねた仕事がようやく形を整えて手離れしていく時、あるいは、できあがったあとに受けた著者や読者からのねぎらいや励ましの言葉など、それらの喜びの一つ一つが、そのつど私の仕事を後押ししている。

だがそれにしても、つくりゆく道の先々で、何とたくさんのものを削《そ》ぎ落としてきたことだろう。活字にならなかった取材相手の胸を打つ言葉、一枚選ぶために使われずに消えていく残り九九枚の写真、推敲《すいこう》のために繰り返し出力した不完全原稿、今一歩のところで実現しなかった構想、混沌としたままついに姿を現せなかったイメージ……。選び抜いたものを生かすために、残ったものが生きるために、切り捨ててきた膨大な表現のカケラ。淘汰《とうた》され、忘却の彼方へと沈んでいったものたちを養分にして、根をはり、花を咲かせるのが編集という仕事なのだとも思う。

そんなふうに編集の仕事には、実務的に片づけてしまうことなどできない、モヤモヤしたものとの格闘がつきまとう。もとより編集という行為は、「こうしたい」「こうできたらなんてステキなんだろう」「いや、もっといいものがあるはず」といった想念を、様々な人の力を借りながら強化し、具体化し、視覚的に立体的に「カタチ」にしていくことである。編集とは、「情報」という色とりどりの糸をたくさん集めて一枚の織物に編み上げるように、ある方向性に従って情報を収集し、丹念に吟味・選択して独創的な形に練り上げ、面白いと思うもの、今必要な情報を生み出すことだ。

編集者はそういう制作プロセスを経て、本や、電子書籍などのコンテンツをつくり上げていく、メディアづくりの専門家と言える。

だが、ひとことで編集者と言っても、職業人としての編集者の姿は、一般の人々が想像するほど一様ではない。大手の出版社に勤務し、細分化された部署の中で働く編集者もいれば、マンションの一室で、編集実務と営業をこなす「一人社長」の編集者もいる。英語の教科書をつくっている編集者もいれば、団塊世代向けのWebマガジンの編集者もいる。作家や有名人と日夜語らう華やかなイメージの編集者もいれば、徹夜続きのハードワークがたたり、十二指腸潰瘍《かいよう》に苦しむ健康雑誌の編集者もいる。驚くほどに様々な職場の形態や仕事の内容があるのだ。

たとえば出版社の編集者を、出版社のカテゴリー別にわけてみると、(1)「総合出版社」の編集者、(2)「雑誌出版社」の編集者、(3)「書籍出版社」の編集者、(4)「専門出版社」の編集者、の四種に大別できるだろう。(1)は多様なジャンルの書籍や雑誌、デジタル出版物などを総合的に発行している出版社の編集者、(2)は文字どおり月刊誌、週刊誌などの定期刊行物を中心に発行している出版社の編集者、(3)は主に書籍を中心に発行している出版社の編集者、(4)は社会科学系、ビジネス・経済系、芸術系、医学系などの専門的分野の出版物を発行している出版社の編集者、である。

一方で出版社に属さない企業の編集者の代表としては、「編集プロダクション」の編集者があげられる。編集プロダクションとは、出版社をはじめ種々の企業・団体などから出版物などの編集業務を受託して制作を行う会社のことである。小規模・零細の企業が多く、出版社に勤務していた人が独立してつくった会社も多い。そこでは雑誌や書籍、PR媒体、Webコンテンツなどの企画立案から取材や執筆、印刷会社への入稿業務までの一連の制作業務を行っている。

また、編集プロダクションと類似した、その他の企業の編集者としては、隣接業種の「広告代理店」で企業の広報誌や販売促進ツール、カタログ、会社案内、Ｗｅｂコンテンツなどを企画・制作しているディレクター兼編集者や、またイベントなどを企画プロデュースする「企画会社」の編集・出版事業部の編集者、デザイン会社や印刷会社に所属する編集者など、様々ある。

さらに「フリーランス」の編集者もおり、彼らは出版社や編集プロダクションから依頼を受けて、まとまったページ数の雑誌記事や本を一冊丸ごと受注して編集にあたっている。本を出したい著者と出版社とを結ぶ「出版プロデューサー」という仕事もあり、この場合は、著者の発掘・紹介、本の企画・構成、出版社の選定など、出版全体のコーディネートに携わる編集者と言える。

このように、多岐にわたるため、もし編集者に接する機会があれば、相手がどういうカテゴリーに属する編集者なのか、あらかじめ聞いておいた方が誤解を生まずにすむだろう（特にキュレーターの関与する美術館・博物館などの図録〈カタログ〉制作の場合、煩雑な編集の実務を、美術系の専門出版社や編集プロダクション、編集制作部門を持つイベントの企画・コンサルタント会社などに委託する場合が少なくない）。

ちなみに私の場合は、学生時代に美術系の雑誌出版社でアルバイト編集者を経験し、卒業後は総合企画プロデュース会社の美術系出版部門の担当者となり、のち、わずかながら美術系の専門出版社の編集アシスタントを経て、今度は美術とはほとんど縁のない編集プロダクションの編集者を一〇年ほど続け、現在はその発展形として出版編集・Ｗｅｂコンテンツ・企業イベント・映像などの企画・制作をトータルに行う会社（大きな枠組みとしては広告代理店系）で編集に携わっている。編集部門では、いわゆる出版業界とは異なる発想で、ジャンルも形態も問わず、ビジネス・健康・歴史・旅行などの書籍や雑誌、タレント本、写真集、企業誌、社史や、販売促進ツール、CD-ROM、ホームページなどを幅広くつくってきた。とりわけここ五年ほどの間に、メルマガやWebマガジンなど、デジタルメディア・コンテンツの制作業務が急増している。ITの発達とインターネットの普及によって我々を取り巻くメディア環境が大きく変わっていく中で、編集者の仕事の形態と内容は多様化している。

2　編集はチームプロジェクト、編集者はプロデューサー

総務省の「日本標準産業分類」によれば、現在、出版業は、新聞業や映像情報制作・配給業などとともに「情報通信業」に属している。従来は印刷業・製版業・製本業などと同じ「製造業」に分類されていたのだが、情報通信の革新やサービス経済化の進展などに伴う産業構造の変化を背景に「情報通信業」という大分類が新設された際、そこに移されたのである（平成一四年改訂）。出版業の概念は、ここ一〇年ほどの間に、本という物理的な実体を商う「モノ」づくりの産業から、電子書籍などをも包括した「文字情報制作」というコンテンツ産業へと拡張したと言える。

それにしても出版業が新聞業や放送業や印刷業に比べて特徴的なのは、組織規模が比較的小さく、機械装備などの設備投資も少なくてすむ点だろう。その昔、出版社は「人一人、赤鉛筆と電話一台あればできる」などと言われたものだが、それほど大がかりな設備も人員も要さないという意味だ。事実、今日でも四〇〇〇社を超える日本の出版社のうち、半数以上が従業員数十人以下、資本金二〇〇〇万円以下の小規模企業なのである（平成二〇年四月現在）(1)。

小規模の出版業なら、編集業務も書店営業も一人でこなせるとは言っても、むろんこれには限りがある。それを補うのが外部委託（アウトソーシング）である。もとより日本の出版業は、近代以降、出版物を市場へ供給するために必要な業務を複数の企業が協力体制を築いて事業活動を行ってきた。紙問屋や印刷会社、製本・製函《せいかん》会社、取次会社（本の卸問屋）、運送会社、書店（小売店）など、多くの関連業者との協力・ネットワークで出版社は成立しているのである（出版不況の中で出版流通の危機的状況はあるものの）。

印刷以前の制作過程だけを見ても、小説や評論などの書籍の場合なら著者と担当編集者でことたりる場合も多いだろうが、画集では監修者や美術評論家、美術史家、翻訳本の場合は翻訳権代理店や翻訳者、対談集では録音データをテキスト化する業者、タレント本などの場合はゴーストライター、複雑な図解が必要な実用本などではイラストレーター、料理本では料理研究家や写真家、コーディネーター、写真集ではカメラマンやモデル、スタイリストなどの撮影対象に関わるスタッフが必要となる。雑誌となると、デザイナー、カメラマンなどの様々な専門家や編集プロダクションなど、書籍とは比べ物にならないほどの人員の協力が必要となる。

このように、仕事の内容によってパートナーとなる様々な専門家や会社に仕事を依頼しながら制作にあたるのだが、それを出版物の企画立案から書店などの小売店に届くまでのプロセスに従って整理したのが、次ページの図表である。

この図表はあくまでも本の制作を前提とした一般例である。Webコンテンツなどの制作では大きく異なるし、本でも書籍と雑誌の場合など、個々のケースで違ってくる。

たとえば、印刷所へのデータ入稿以前の工程の多くを編集者が一人で行ってしまう場合もある。自ら取材して写真を撮り、原稿化して、デザイン・組版作業を行い、校正をし、さらに本の顔である装丁まで仕上げてしまうというケースである。外部委託による出費を抑えて、内製化するということだが、そのぶん編集者は、原稿を書く能力はむろん、写真やデザインなどの幅広い知識と技術能力を身につけておかねばならない。

いずれにせよ、出版物の制作において重要なのは、著者を含む多彩な専門家による協同制作チームである。本の形式や内容、発行サイクルなどによって、チームの構成要員である専門家の種類、人員、組み合わせなどが異なってくる。幅広いネットワークを持っていれば、つくりたい本の形態・内容に従って自在に人員を組み合わせてチームを編成することが可能なのだ。

このように編集者は、自分以外の人の手を借りて、自分たちのイメージする情報のカタチに編み上げていく。すなわち、編集者は制作の全体を統轄・指揮して仕事を押し進めていく責任者であり、パ

◎編集制作のプロセスと出版・編集に関わる人や会社◎

1. 企画立案・企画会議 ↓	立案した企画を持ち寄って会議にかけ、内容を検討して決定する。	企画担当者、編集責任者など
2. 執筆交渉・原稿発注 ↓	著者または執筆者に原稿依頼を行ったり、執筆に関する資料を収集する。	担当編集者、著者または執筆者
3. 取材 ↓	雑誌などでは情報源となるモノ・人物・事柄を取材する。	編集者、ライター、カメラマンなど
4. 原稿作成 ↓	文字原稿や図版原稿、写真原稿を作成する。	作家、ライター、イラストレーター、カメラマン、翻訳家など
5. 原稿入手・原稿整理 ↓	原稿を精読し、企画意図にそった納得のいく水準に仕上がっているか、内容を吟味し、修正する。著作権上の問題や人権上の問題がないか検討したり、文章の用語統一を行ったりする。	編集者
6. レイアウト・組版 ↓	原稿素材をDTPソフトなどを用いて配置し、ページに組み上げる。	デザイナーまたはDTP組版会社
7. 校正・校閲・修正・責了 ↓	組み上がった校正紙を原稿と突き合わせて誤りや体裁上の不備を正す。一通り校正し終わった校正紙を著者に送って確認してもらったり（著者校）、内容の正否・問題点を踏み込んで検証する校閲作業を行う場合もある。	編集者、著者（執筆者）、校閲者など
8. 装丁・表紙デザイン ↓	校正が終わりに近づき、本のタイトル・コピーや定価、帯のキャッチコピーなどが決定したら、装丁家やデザイナーに装丁や表紙デザインを依頼。	装丁家やデザイナー
9. データ入稿 ↓	校正を終えて組版データが完了したら印刷所（あるいは製版所）に渡す。	編集者、デザイナーまたはDTP組版会社
10. 製版・色校・刷版・印刷 ↓	データを製版フィルムに出力し、色校正紙をつくって色をチェックし、印刷用の版をつくって印刷する。データから直接、刷版をつくる場合もある。	製版会社、印刷会社、紙問屋
11. 製本・製函 ↓	印刷した紙を折って束ね、裁断して本の体裁に仕上げたり、本の函を製作する。	製本・製函会社
12. 見本納品・取次・配本 ↓	出版社から仕入れた本を取次会社が管理し、書店などに配本する。	取次会社、出版倉庫会社、運送会社
13. 販売	書店などで販売し、売れ残った本は返品されて取次会社を介して出版社へ戻される。	書店、コンビニなど

（※広告・宣伝業務は省略）

ートナーを束ねていく「プロデューサー＝統括者」なのである。

3　プロデューサーとしての働きかけ

プロデューサー〈統括者〉は一種の「触媒」である。様々な能力を持つ複数の人間を関係づけて組織化（チーム化）し、各々の能力の活性化を図り、相乗効果を高めてチーム全体の力を最大限発揮させていく。その際に必要な編集者の行動をまとめると、次のようになるだろう。

(1)　人と人、人とコトをつなぐ

広く言えば、「著者と読者」をつなぎ、「コト（情報源やテーマ）とライター（取材記者）」をつないで新たな情報を生み出す。特に雑誌などでは、「ライターとカメラマン」「デザイナーとイラストレーター」といった専門家同士をつないで、各々の持ち味を引き出す。パートナーを替えるなどの組み合わせによって、違った表現が生まれる。

(2)　モチベーションを高める

原稿執筆にとりかかる前に、著者（またはライター）と構成を練ったり、資料を探して提供したりする。アイデアに行き詰まり書けない時や迷った時に、アドバイスしたり、発想の手がかりになるものを参考として提供する。執筆期間中、タイミングを見計らって激励や督促などの言葉かけをし、執筆意欲を高める。

(3)　コミュニケーションをとる

人の話は情報源である。よって編集者は人の話を聞く専門家でもある。人の話を真剣に聞いたり、重要なことを伝えたり、話し合うにはフェイス・トゥ・フェイスのコミュニケーションが基本である。また、制作メンバーは各々異なる個性を持つ専門家である。彼らを理解し、その能力を認め合い、信頼関係を築くには、何と言っても相手と相手の仕事を理解するよう努めることだ。専門知識を教わりながらそのエッセンスをつかみとる。

(4)　考え方を共有化する

制作メンバーに、どういうものをどんなコンセプトで、どのようなプロセスでつくりたいといった全体像を示す。また、様々な局面で、自分の考え方を開示し、互いの意見をすりあわせ、調整する。特に、言葉ではなかなか伝わりにくい内容や話すと長くなるもの、構造が複雑なものは、問題を整理して図式化・視覚化し、イメージを共有する。見本原稿をつくったり、雑誌などでは見開きページをデザインした組み見本(ダミー)をつくったり、ラフスケッチをつくったりして、なるべく具体的に示して、イメージをすり合わせていく。

(5)　目標を設定し、自らの立ち位置を確認する

期限や水準などの目標を説明し、全体の流れと制作体制の中で各々の役割を認識し合う。

(6)　調停・調整する

編集者と制作メンバーや、メンバー間での意見の食い違いや、衝突なども起きるが、互いの話をよく聞いて、譲れないところは何なのか、どこまでならよしとするのか、調整の糸口が見えるまで粘る。

(7) ルール化する

一つは、コミュニケーションルールを設定すること。現在、編集制作の現場においては、DTP編集ソフトなどによるデジタルデータ入稿が一般的である。執筆者からの文字原稿、イラストレーターからの図版原稿、カメラマンからの写真原稿も、様々なソフトでつくった様々な形式のファイルが、メールやFTPサーバ、ファイル転送サービスなどを介して送られてくる。校正のやりとりもFAXで行ったり、赤字を入れた校正紙をスキャンして画像データにしたり、PDFデータにして送られてくる場合もある。それに伴い、データの授受に関するルールづくりやファイル管理作業、セキュリティ対策などが必要になっている。トラブルを避けるためにも、原稿やファイル名には機種依存文字を使用しない、使用ソフトとバージョンを確認しておく、ダウンロードファイルにパスワードをつける……などの種々のルールをスタッフ間で決めておく。

二つめは、締め切りのルール。スケジュール表に従って進行管理を行う。締め切りを守らないとほかの工程にしわ寄せがいくことになるので、遅れた場合はその関連スタッフと調整をして、軌道修正しながら進めていく。

このように、編集者は制作を押し進める当事者でありながら、メンバー間に働く利害関係の影響をあまり受けないように、仕事の全体を俯瞰《ふかん》して方向性を与えていく。ネットワークを生かし、協力し合いながら意見をすり合わせ、先に向かって進めていくこと。これらの行動の一つ一つは、制作活動のプロセスの中で、おのずと身につき、磨かれていくもので、あらかじめ特殊な能力が必要なわけではない。(2)

4 編集者は何をプロデュースしているのか

本(活字メディア)にせよデジタル出版(デジタルメディア)にせよ、伝えたい情報は様々な人々との協同制作のプロセスの中で生み出され、厳しい選別と推敲を重ねることによって、磨かれていく。そして、書店やインターネットなどを通じて流通し、開示されたそれらの情報は社会の中で対話の場を築いていく。

人は「読む」行為を通じて、書かれた世界と交わり、そこから知識を得たり、イメージをふくらませて物語の先を想像してみたり、自分の世界像と重ね合わせて、新しい世界像を編み上げたりする。書かれた言葉の意味のすべてが読み手に伝わるわけではないし、読み取り方も千差万別だ。繰り返し読んでみると、前には気づかなかった意味が急に立ち現れて、はっとすることもある。そこがまた読書の楽しいところでもある。

こうした本と読者との対話のほかに、読者同士の関係や読者から著者（編集者）へのフィードバックという関係も生まれる。読者間（ファン層）で語らうコミュニケーションの場が築かれることもある。自由な意見を述べ合う批評の場が生まれ、読者ハガキなどで著者（編集者）へメッセージを送ることも可能である。あるいは図書館やデジタル・アーカイブや、著作権切れの著作物のネット配信などを通じて、世代を超えて読み継がれたり、また再版、復刻によって再生することもある。

そういう多重的多層的な「関係」の生成を繰り返しながら、編まれた情報はその時々の社会と関係し、様々に読み解かれ、成熟していく。本はそのような「関係の生成装置」であり、編集者は「関係」を生み出し、増幅させるプロデューサーである。

ところで「関係の生成」と言えば、昔、アルバイト編集者だった頃、編集長から、「取材記事を人に読んでもらうには、まず自分が読んで面白いと実感できるまで推敲を重ねることだ」と教わった。一つのまとまりをもった文章を解体して、語句を入れ替えてつないでいくと、また新たな文脈がつくられていく。それを繰り返すうちに、自分が本当は何を伝えたかったのかが次第に整理されて、文章が明快になっていくことを知った。

文や語句の組み合わせを変えることは、異なる関係の発見と意味の生成につながる。編集の手法で言うと、「組写真」の表現術がこれに近い。たとえば、写真集の編集でまず初めに行うのは分類と選び出しである。情景（場面）、構図、アングル（遠景・近景）、色彩、陰影、動静、縦位置、横位置など、似ているものと異なるものを関係づけてふりわけ、重複する表現の写真を徹底的に削ぎ落とす。

手元に残った写真からはカメラマンの視線、対象との間合いのとり方などが見えてきて、表現世界が次第に立ち現れてくる。次いで写真を組み合わせて構成を考えながら、さらに絞り込んでいく。この時、本の場合は、ページを左から（あるいは右から）順番にめくるという時間軸と方向性が意識化される。初めと終わりの間に物語性が生まれる。物語性を帯びた映像がめくる方向へと向かって連続的に展開していく。前のページの写真の残像と重なりつつ左右の写真同士が組み合って、互いに主張しながら調和し、時にぶつかりあって緊張感とリズムが生まれる。一冊の写真集から多重多様なイメージが生まれる。

このように、互いの関係性を発見してつなぎ、組み合わせて新たな創造を生んでいくところに編集の妙味がある。こうした編集の「第二次的創造」、すなわち、文章や写真や絵画のような独創的な「第一次的創造」をもとに、素材同士を結びつけることで、より高い「統合」へと導く創造行為＝「エディターシップ」にいち早く着目したのは、元編集者で英文学者の外山滋比古《とやましげひこ》である。外山はこの「エディターシップ」こそ、すべての人間に備わっているクリエイティブな機能であり、新しい価値や人間文化を生み出す際に発揮されるべき知的活動の原理である、と主張したのである。

「人間の知的活動のきわめて大きな部分が統合作用によっているわけで、人間はすべて生れながらのエディターである。オーケストラの指揮者、仲裁者、司会者、演出家、生け花を活ける人、デザイナーなど、不調和を高度の調和にまとめ上げる機能をもつ人たちは、すべての人に潜在しているエディターシップを顕在させている、氷山のごく小さな一角であるにすぎない(3)」

「新しい文化の基礎づくりが行われるときには、つねに、新しい統合の原理が求められる。これまでのもっとも新しい文化である印刷文化が歩み出した十八世紀において、エディターシップもまたそのもっとも原型的な姿をあらわしたのは偶然ではない。印刷文化がいちはやくジャーナリズムというエディターシップの花を咲かせたのも同じく偶然ではない。ただ、その後、エディターシップがいわゆる編集実務の陰にかくれてしまったために、より大きな花を咲かせないできたのであろう(4)」

そして、このすべての人間が有するエディターシップを、本に限らず、インターネットをはじめとする多彩なメディア表現に生かし、地域社会や市民生活の場で開花させていこうとする試みも、これまでに学者や編集者やジャーナリストらによって行われてきた(5)。出版編集に携わる者もまた、自分たちの編集技術や創造力を社会に開いていくことで、公共的な文化を支える力になっていこうという考え方である。

そのようにとらえると、編集の仕事も本づくりからコミュニケーション・メディアづくりへと広がってくる。キュレーターの仕事でも、ホームページやWebマガジンのコンテンツづくりはもちろんのこと、展示会情報やキュレーターのメッセージを配信するメルマガやモバイルマガジン、ネット映像やバーチャル・ミュージアムなどのマルチメディアによる情報発信・文化普及に生かせるクリエイティブな能力として、編集はとらえ返されるはずである。あるいは芸術文化を地域に根づかせていくための地域プロジェクトにおいても、様々なメディアを使ったワークショップや、子どもたちとのメディアづくり、コミュニケーションサイトづくりなど、至るところにエディターシップを発揮する場が見出されるだろう。

市民活動の場においては、プロデューサーとしての編集者（もしくは編集者の役割を担う人）は、オーケストラの指揮者というよりは、ジャズミュージシャンによる即興的なライブ演奏（ジャムセッション）でのセッションリーダーのイメージに近づいていくだろう。モノづくりのための、分業化されたシステムの舵取《かじと》り役としてではなく、メンバー一人一人の協働（コラボレーション）によって、場の活性化を図る役割が重視されるに違いない。むろん、それは口で言うほど容易ではない。

ただ、編集者が自らの編集力を社会に開いていく中で、商業出版の有り様をとらえ返していこうとする考え方は、本が売れない出版産業の行く末を悲観し、閉塞《へいそく》状態に陥るよりもはるかに健康的に見える。

ひるがえって私自身のここ一〇年間の仕事に目を移しても、制作物を請け負って良いモノをつくればそれでよしとする編集職人的な考え方を捨て、いかな成果物であっても、そこに至るプロセスを重視して相手企業の活動をサポートしていく方向性に転じている。

我々の編集力が様々な企業・機関や「場」において生かされる道は、マルチで多彩なメディアによって得られ、生み出される情報の、広い「入口」と広い「出口」との間のプロセスを、どのようにつないで独創的に編み上げていくのかを、相手側の個々の事情を汲み取りながら双方の意見をすり合わせて、互いの可能性を押し広げていくような、問題解決型のエディターシップを磨くことで開かれていくと感じている。

それに伴って、私自身、従来の編集のイメージを拡張し、上書きし、あるいは大胆に書き換えていかざるを得ない、今はそういう時代なのだと思う。

註

（1）出版年鑑編集部編『出版年鑑　二〇〇八――資料・名簿編』（出版ニュース社、二〇〇八年）による。同年鑑に記載されている日本の出版社数は四〇五五社。うち従業員数十人以下の会社は二一三七社、資本金二〇〇〇万円以下の会社は二一二四社（五〇一万〜一〇〇〇万円の会社が最も多く、一三二九社）である。

（2）ほかの業種のプロジェクトリーダーのスキルにも生かせることだし、近年、ワークショップでの参加者間のコミュニケーションやアイデア出しの促進を図るために、また、ビジネス活動でのチームによる問題解決を促すために活用されている、「ファシリテーション」（あるいはファシリテーション型のリーダーシップ）のスキルとも共通する部分が多いと思われる。

（3）外山滋比古『エディターシップ』（みすず書房、一九七五年、八二ページ）

（4）同右、一五四ページ。

（5）水越伸《みずこししん》（東京大学大学院情報学環准教授）が、市民のメディア表現やメディアリテラシーの実践的研究プロジェクトとして、ジャーナリストの菅谷《すがや》明子《あきこ》やテレビプロデューサーの市川克美《いちかわかつみ》らとともに、二〇〇一〜二〇〇六年に展開した「メル・プロジェクト」（現在は「メル・プラッツ」として継承されている）や、徳永修、仲俣暁生《なかまたあきお》、松本功、稲庭恒夫《いなにわつねお》ら編集者による「新しいエディターシップを考える会」の連続セミナー活動（二〇〇四年）などがある。

その他の参考文献

川井良介編『出版メディア入門』（日本評論社、二〇〇六年）
長谷川一『出版と知のメディア論』（みすず書房、二〇〇三年）
水越伸『新版　デジタル・メディア社会』（岩波書店、二〇〇二年）

#《編集》行為からみた宮沢賢治の《文学行為》

高橋世織

はじめに

編集者はプロデューサーであり、かつ特権的で優越的なファースト・リーダー、つまり読者でもある。編集者の介在があってこそ書き手（作家）も文学作品も世に現れ出る（ものであった）。特権的云々《うんぬん》といったのも、編集者の一存でタイトルの変更、漢字などの表記処理や用字法的差し換えを含め、言い回し等のチェックなど、より流通しやすく、かつ版元の方針に馴染《なじ》む言説へと均《なら》すべく本文《ほんもん》が加工されることもしばしばあり得るからだ。またレイアウトから装丁・外装にいたる容器・容量面での御膳立てなど直接メッセージ化されない本文環境も整えてくれる。その意味では編集者とのコラボレーションによる作品化といえる。しかし介入や容喙《ようかい》というレベルでの権力による編集作用を被る場合もある。戦前は、全国の警察行政全般を指揮する内務省警保局による「安寧秩序」と「風俗壊乱」の二つの物差しから事前検閲を受け、削除や伏字《ふせじ》にされて印刷に付されたものも少なくなかった。発禁（発売禁止）処分を受けて市場に出回らなかったものもある。

ともあれ、【作者―作品―読者】という幸福な三幅対《さんぷくつい》のなかに、作家（文学者）も文学作品も納まっていたのだが、その際、黒衣《くろご》のような《編集》というメディア論的、読者論的なフレームはほとんど一顧だにされることもなく後景に消えうせ、この幸福なトライアングルに三者が安住してきた。しかも作者が頂点を形づくるこの構図も、生産者―製品―消費者という生産サイドからそのメカニズムを説き起こした近代経済学の枠組みに暗黙裡に寄り掛かってしまっていたためなのかもしれない。

それに対して、編集者という第三者ともまた一般的な不特定読者とも生前にはほとんど縁遠かったのが、宮沢賢治（一八九六～一九三三）である。そのためもあろう、自分にだけ分かればいいかのように多くが判読し難い状態でメモ書きの状態で残され、削除訂正のあり方もさまざまで、ある箇所は「見せ消《け》ち」気味に抹消され、改稿に次ぐ改稿、絶えざるリライトが重ねられて、膨大な賢治テクスト群が今なお生成し続けている。作品／非作品のボーダーも曖昧《あいまい》であり、また作品相互の連関までも根茎《こんけい》のように錯綜《さくそう》し、曼荼羅《まんだら》宇宙のように入り組んで《書く行為》を展開した宮沢賢治の痕跡《こんせき》をトレースして、それを再現するには煩雑で厄介な作業が必須前提となる。この突然変異的《ミユータント》な表現者のまえには、そうした安易なトライアングルは失効し、根底から「文学」とは、「作品」とは、「編集」とは、といった根源的な発問をしていかざるを得なくなるのだ。賢治に対して異物や異端者扱いをするしか術《すべ》のない文学史に、《編集》の観点から揺さぶりをかけてみよう。

1　《文学行為》とは何か——身体行為としての文学の復権へ

文学者が書き物をする際に、専ら毛筆で墨書していた長い歴史があった。明治期の三〇～四〇年代あたりから、万年筆のインク液で均質に記せる行為に移行し切り替わったことで、何がしかの決定的な変化がそこには生起していたであろう。文字が手の痕跡として最初に書き留められる「草稿《マニュスクリプト》（手稿）」段階の基盤媒体も、和紙から洋紙（原稿用紙）へと当然ながら変化があった。イデオロギー装置としてのみ文学作品を評価し、また内容中心主義の文学に対する近代の偏頗《へんぱ》な向き合い方、見方からは、この変化はほとんど視野に入ってこなかったとみえ、後世の文学史家や研究者はあまり気にも留めなかったようだ。

毛筆書きの場合には、句読点は必要なかった。文語文体由来の文章の型があったせいでもあるが、運筆のリズムや筆勢、墨を硯《すずり》から補充して筆に含ませる墨継《すみつ》ぎは、文章の呼吸と呼応・関連しているために強弱や濃淡、かすれ具合、文字間隔などから読み手には察しがついたからだ。さらに書いた紙を綴《と》じる（和本綴じ）、題簽《だいせん》を貼るなどのファイリングも自ら行わねばならなかった。こうした表現に伴うトータルな身体行為は、ドローイングなどの絵画や書道の領域と隣接しており身体性が濃密に残っていた。古来「手」は、筆跡や墨蹟《ぼくせき》・墨痕《ぼっこん》を意味したのである。

句読点は、直筆文字が活字記号に置き換えられる際に、こうした身体性の痕跡がほぼゼロになり、文字解読に必要不可欠となったために用いられ始めたのだ。特に文学作品のような語りの呼吸や微妙な気分、ニュアンスを伝達する際に無くてはならないものとなった。句読点だけでなく、?、！や「―」（ダッシュ）や「…」（リーダー）などの符号の用例、使い方や意味合い、効果や効用に関して、明治の文豪・尾崎紅葉（一八六八～一九〇三）は「文盲《もんもう》手引草《てびきぐさ》」（明治二二年）で詳細に説いている。

紅葉は、山田美妙《やまだびみょう》（一八六八〜一九一〇）と共に小説技法を確立し、言文一致運動を主導した「硯友《けんゆう》社《しゃ》」という文学結社を興し（明治一八年）、その宗匠的存在となり、出版ジャーナリズムと組んで文壇を支配した。夏目漱石（一八六七〜一九一六）と同じ慶応三年生まれだが、三五歳で夭折《ようせつ》した。そのポスト紅葉を意識した晩成型の漱石（紅葉の没後から創作活動がはじまった）は、かかる移行期に文学活動を展開した代表格である。操觚者《そうこしゃ》が文学者（作家）として生まれ変わる転換期でもあった。

文学とは、文学者とは何だったのだろう。漱石は、この難題とノイローゼになるくらい真剣に向き合い、浩瀚《こうかん》な『文学論』（明治三八年）を著した。それ以来、文学＝小説という図式が強固になってしまった。文部省から二年間世界のトップを行く英国に国費留学（第一回給費留学生）を命じられ、中学（旧制）の英語教師から英文学者として最高学府の教壇に立つところまで上り詰め、国家的使命感を一身に背負って、西欧の文学思想、小説理論、ジェームズ心理学など最新の《知》を摂取し我が物としようと苦闘した。「人生如何《いか》に生きるべきか」、「社会と個人は如何なる関係にあるべきや」といったシリアスな主題を読者も求め、イデオロギーとしての文学思想だけが次第に重要視されていったのである。

そこでは、専ら、頭と精神（こころ）との活動によって産み出されるという、今日からみれば偏った見方によって文学や創作活動がイメージされ、規定されるようになっていった。そもそも、文章を書き記す、あるいは綴《つづ》るという行為は、手や指を使う。漱石の時代は墨筆、硯から近代的な万年筆という均質な商品としてのインクを使用していく過渡期であった。

漱石は生来の癇癪《かんしゃく》もちで有名だったが、漱石自身がレイアウトして造らせた特製の原稿用紙には、ときたま、激しくインクが飛び散っている箇所が散見される。もしかしたら、インク液の出が悪くて、苛《いら》ついた手の痕跡だったのかもしれない。こうした身体的なインクの徴《しるし》も準文字扱いされて当該箇所に何らかの活字記号に置き換えられて一般読者に供せられるようなことはない。しかし、新聞連載小説の当該箇所の筋や構想で呻吟《しんぎん》していたためなのか、何がしかの執筆環境のなせる業か、そうした万年筆のペン軸からの飛び散った液体の痕跡のありようの方が、文字記号よりももっと能弁に何がしかの事情をこの身体的なノイズは映し物語っているかもしれないのだ。

均質で標準化された活字記号のみで流通・享受されてきた言語芸術としての「文学」は、ひたすら筋（プロット）の重視、言説内容重視、作家主体の神聖なるメッセージを一方的に読み取ること以外眼中に置かないような偏狭な文学観を作者にも読者にも押し付け、醸成していった。そうした読み取りの訓練が国語教育の現場で猛威を振るう結果にもなった。御上《おかみ》のお触れや思し召《おぼめ》しを上意下達する巧妙な仕組みにも機能・活用されたのである。

オーサー（著者）がオーソリティ（権威）と語源を同じくするように、作家の神話性は、国家の主体（天皇）の神話化と隣り合わせであった。《作者（著者）》という存在が、いかに近代社会のなかで権威的にしゃしゃり出てきたかは、こうした過程からも説明できよう。「作者の意図」を読み取るトレーニングが、即「文学」のお勉強になっていってしまったのだ。

こうした作家たちに対し、活字化されることから隔てられた執筆環境で《書く行為》を自在に展開した賢治を対置したときに、賢治の特異性が際立ち、近代の印刷文化と近代の思想、あるいはその向こうにもうひとつの近代社会の可能態が見えてくるだろう。

近代に入ってからも文字メディアには依拠しない、民話などの口承文芸《オーラル・リテラチャー》が連綿と地続きになっていた東北地方という言語空間を拠点にして、出版ジャーナリズム機構からも文壇ギルドからも逸脱・孤立したスタンスを保ちながら、何故に特異なテクスト行為を持続・展開しえたのか。近代文学史のなかの異物としての賢治を検証しなおす作業は、とりもなおさず、近代の制度としての言語芸術である文学史のあり方をも反照することにもなろう。

《編集》行為という媒介項、パラメーターを導入することで、賢治文学に内在する特異性、脱近代的な可能態を読み取る試みともなろう。一言で言えば、いわゆる「編集者」という存在や機能が介在しなかった次元での表出行為であったわけだ。賢治という書き手自体が、生涯を通じて、編集者であり、かつまた特異な読者であるという希有《けう》な二重性、三重性を帯びた事例であったことを確認することで、編集者の果たす役割、作業とは、ひいては《編集》行為とは何かという究極の問いに迫ることができるかもしれない。そのことでかえって逆説的にメディア意識の突出し横溢《おういつ》した賢治のトータルな文学営為、表現行為を、自作自編集の、いうなれば「自己編集文学」という観点から、新たに再評価してみたいのである。

《作者》が《作品》世界を統御し書き残して、《読者》が形成される、という構図は近代になってからの固定概念であろう。もっと正確に言えば、《作者》という概念自体が近代社会の産物なのかもしれない。近代以前では、《作品》の命を優先させるために意図的に「詠み人知らず」という手続きさえ案出されたほどであった。

今日では、文学といえばほとんど小説のことを指すように思いがちだが、かつては詩歌や演劇といった声や身振りの身体性を濃厚に保持した言語芸術の方が歴史的にはるかに長く、かつ中心的なものであった。近代人として自我に目覚め、個室にこもって「音読」ではなく「黙読」するという新しい読書経験、スタイルは、ごくごく最近のものだ。しかも一九二〇年代前後から日本でも文庫本というハンディな書籍の出現・普及により、電車や喫茶店といった公共空間での読書体験が広まり、「黙読」が当たり前の読書環境に囲繞《いにょう》される事態が到来したのだ。それに関連して「速読術」などもブームになり、作品世界を情報として消費・受容する読書傾向にますます拍車がかかった。

小説は近代、特に一九世紀の国民国家《ネーション・ステート》の誕生と軌を一にして、しかもパリ、ベルリン、ロンドン、ペテルブルグ、東京といった当時の世界の主要な消費都市空間で立ち上がり成熟した文芸ジャンルである。一種の都市のモードや情報小説として流行した。

フランス革命以降、ブルジョアジーという中産階級が勃興《ぼっこう》し、彼らが小説という新しい文学商品の受容層・消費者層になっていったのである。

ブルジョアジーは、近代社会の実質中核を担っていくのだが、如何《いかん》せん、まだ新興階層に過ぎず、つまり産業革命以降急速に経済力を付けたものの、いわば成り上がりの市民階級であった。それまでの社会のヘゲモニーを握っていた貴族階級のような教養やたしなみは身につけていない。貴族はラテン語も読み書きできたし、舞踏会などの社交の場では、ふるった台詞《せりふ》で挨拶《あいさつ》ができるよう、ラシーヌやシェークスピア（詩としての韻文で書かれている）の詩篇の一節を復習し諳《そら》んじたりしたものだ。

ブルジョアジーが手っ取り早く主導権を握る手立てとして、どこでどんな商品が今流行《はや》っているとか、新しい職業や職種についてとか、自由恋愛のモードとか、犯罪の新たな手口だとかが描かれた、新たなヒーロー像（彼らが主人公の）の物語が産み出されていく必要があった。都市のさまざまな欲望が刺激される新しいタイプの物語（都市情報）をブルジョアジーは欲したのだ。地縁共同体から離れて都市生活をしていく彼らにとってのこうした言語情報や言説構造が、手を変え品を変え繰り出される小説ジャンルに虜《とりこ》になるのは時間の問題であった。その結果として、「国民作家」としての小説家は、その国の言語、フランス語やドイツ語、ロシア語、日本語などの「国語」を広報する役割に貢献し（ナショナリズムとリンクすることにもなった）、その「国語」を柔軟に鍛え上げ、運用する模範として祭り上げられていくことにもなった。

2 賢治の居場所がない文学史

宮沢賢治の《文学行為》は、他の近代文学者のそれとは、一味も二味も趣を異にしていた。そのために、これまでの文学史的な扱いや評価も、大正時代に展開した「白樺《しらかば》」派の流れを汲《く》む芸術運動の東北版といった感じでおおむね受け止められ、今もって異端の文学者として異物扱いされており、収まりが悪い。そもそも、日本の近代文学史は文壇史（伊《い》藤整《とうせい》、瀬沼茂樹らが制度化した）に寄り添って記述されるか、自然主義、新感覚派といった文学思潮や流派《エコール》で括《くく》られるかのどちらかであったことにも起因していよう。《編集》行為という視座から、賢治を基軸にして眺望する文学史が構想されるような試みも、そろそろあってよいかもしれない。

文学史に収まりよく記述されているところの、例えば、尾崎紅葉、森鷗外、漱石、芥川龍之介、谷崎潤一郎、志賀直哉、太宰治、川端康成、三島由紀夫にしろ、宗匠的な主導者の主宰する文学結社や同人誌に属し、新聞社や大手の出版社といったマスメディアの版元の編集者から執筆依頼を受けるなりして原稿を書いた。脱稿した肉筆原稿（手稿）はすぐに活字化され、しばしば挿絵が添えられ、小説という言語流通の《商品》に仕立て上げられる。さらに新聞や雑誌に広告が打たれ、書評や文芸時評といったサブテクスト、メタテクストとしての流通潤滑油が注がれることで、刷り増しされ、文庫などの流布本といったさまざまな容器に装いを改められてより広範な読者を得ていった。作家たちは出版部数（奥付の検印の数でわかる）に応じて支払われる印税や原稿料によって生活していけた。時に文芸映画として原作が映画化されれば、より巨額の報酬が懐に入ることになる。出版社自体もドル箱作家を抱え込めば潤うため、作家の講演会がしばしば地方都市でも巡回開催され、文豪や小説の神様（志賀）といった称号を得て、彼らは、皆、東京の文壇（作家、編集者、出版社、文芸評論家、飲み屋）という持ちつ持たれつのギルド的な関係を維持しつつ、そうした組織に棲息《せいそく》していた。

他方、その生涯を東北・岩手の花巻という地方を拠点に活動した賢治にあっては、彼ら文学者とは、どのレベルにおいても格段の違いがあった。

生前、ほとんど認められず、読者もごくごく一部に限られ[1]、印税生活など及びもつかなかった。しかし文壇といった閉塞《へいそく》した特殊社会に関わらなかっただけ、逆に近代文学史のありようの反照として、さまざまな可能態、近代文学の別途の可能性をみることも二一世紀の現在からできるだろう。

ここで、私がことさら賢治のケースにあっては、《文学行為》という言い方をせざるをえないのは、さまざまな場での多様な書く行為を経験し、それを即作品化しているからである。教師として黒板に白墨で板書する、ボール紙に着彩の教材絵図を作成する、ガリ版（謄写版）の鉄筆で筆耕する、地質学の助手として地図を作成する、鉱物地層のデータをカードに記録し、さまざまな報告書を綴る、農業技師（植物医師）として地味《ちみ》や肥料のカルテをつくり、創作花壇の設計図を引く、宗教者（仏教徒）として写経を始めとする書写や、セールスマンとして石灰や浮世絵の販売広告の文案もしたためる、などなど。原稿用紙に向かうだけでなく、自然現象を詩人科学者のまなざしから観察・描写、スケッチしたり、「手帳」などにさまざまな筆記具でメモをとり、走り書きをしたり、そのトータルな書く行為《エクリチュール》は他の文学史上の文人たちに比べて明らかに異彩を放っていた。

通常の作家は、自分の作品に対しては、文字を金銭にかえるべく、原稿用紙の升目を埋めていくだけで（ゴーストライターや語り下ろしさえある）、せいぜい帯に宣伝文を書く程度の関わりの作業だけであった。

3　賢治の《文学行為》の特異性（行為性）

ここで賢治における《文学行為》の特異性を八点ばかり列挙してみよう。いずれも《自己編集》行為という特異な事情から派生したものばかりである。

①　永遠の未完成
②　異本が多い
③　作為的な『正誤表』の思惑——誤記・誤植を楽しむ《文学行為》
④　活字オブセッション——文字遊び、文字映画の発明

⑤《心象スケッチ》という方法論
⑥《通信》行為という編集
⑦即興的身体
⑧校本全集という容れ物

これらを、一言で言えば、既存の制度的な「文学」に対比して、逸脱（越境）、過剰、多系的と言えるだろう。

① 永遠の未完成

代表作「銀河鉄道の夜」のような未完成作品が多い。これは、例えば漱石の最後の小説『明暗』（大正五年）のように絶筆になったから、というのではなく、賢治の場合は、むしろ確信犯的に「未完成」をよしとしたところがある。なにしろ、「永遠の未完成、これ完成である」（『農民芸術論綱要』大正一五年）といったテーゼを書き留めているほどだ。

あたかも、ガウディ建築のサグラダ・ファミリア（神聖家族聖堂）のように、いつでも現在建設中という趣を備えている。絶えず、リライトし、加筆、修正、改稿、削除、組み替え、他の作品への転用というように、テクスト生態学的にみると、テクストが固定されることなく絶えず生成し、編成され、合体・分離し流動していたのである。

なぜ、かかる事態を招来させたのかといえば、ひとえに脱稿、完成を待っている人、決められた分量（文字数）を指定する人が存在しなかったからである。つまり編集者が差配し取り仕切る、厳然たる「締め切り、枚数」という拘束から自由であったからに他ならない。死ぬ間際まで作品に手入れを重ねることが可能な状況下にあった。

その結果、現行の賢治全集（校本、〔新〕校本、筑摩書房刊）の編纂《へんさん》に当たっては、ヴァリアント（異稿、異本）が沢山残されてしまい、A、A'、A"、という異稿やヴァージョンを、並列的に並べて、読者自身に読み比べてもらう（校本全集の校とは比べ、つきあわせるという意味）、お好みのものを選んでもらう、つまり決定権を読者サイドに委ねてしまう、という方針を採らざるを得なくなったのである。

他の文豪たちの個人全集は、拠り所となる底本《そこほん》を、初出紙誌の本文《ほんもん》にするか、それとも単行本化された時点での本文にするか、一定の基準が作れるので、賢治全集と比較すれば、編纂方針や書物容量設計、デザインさえ決まれば容易《たやす》く「全集」はできあがってしまう。

もっとも、戦後は、生前時に刊行されるようになった個人全集では、作家が全集収録時に都合よく加筆訂正などのリライトが何らの断りもなく施されている場合も往々にしてある。古典における校訂《テクスト・クリティク》作業が、賢治以外でも必要なのだが、近現代文学では無縁なような錯覚が生じてしまっている。

また、賢治の場合は一概に未完成と呼べない事態も派生している。発表の機会に恵まれない作品が大部分であっただけでなく、《定稿》志向が希薄な書き手なために、散逸によって冒頭部の数枚の原稿がなかったり(「フランドン農学校の豚」など)、途中箇所の原稿が抜け落ちていたり(「ビジテリアン大祭」など)、作為的にそうした処理を行ったと思われる詩「小岩井農場」なども含めると、不完全なテクストがかなりの割合で残ってしまった。そのことが読者の想像力をくすぐり、より読者参加の意識が他の作家よりも必然高くなっている。

② 異本が多い

ヴァリアントや異なるヴァージョンが頻発する事態を①でみたわけだが、その過剰、逸脱ぶりを示すエピソードを述べよう。

賢治は、詩集と童話を、それぞれ何故か一回だけ自費出版した。大正一三(一九二四)年、二八歳の時だ。『春と修羅』(関根書店、一〇〇〇部、定価二円四〇銭)、イーハトヴ童話『注文の多い料理店』(東京光原社、一〇〇〇部、定価一円六〇銭)である。

通常、単行本を発刊したら、もうその書物は作家の手を離れていく性質のものである。しかし、賢治の場合は、そうした断絶意識が希薄であったとみえ、印刷に付した出版物にさらに《手入れ行為》を施しているのだ。菊地家所蔵本や藤原家所蔵本の『春と修羅』や、宮沢家に残された同詩集にはさらに別様の書き込み、手入れがなされ、しかもそれぞれの書き込みの文言が異なっていて同一の詩集ではなくなっている。

元来、活字活版印刷による書物メディアは多数の人間に、同一のテクストを提供するところに意味合いがある。だが、賢治にあっては、そうした利便性、意味合いなど眼中にないかのようで、それぞれの受け手に見合ったように、また立場に応じるかのように個々にプレゼンテーションをしていくのだ。

今日でもそうだが、すべての刊行物は国会図書館に納本義務がある。従って、当時上野にあった帝国図書館（現在の国会図書館に当たる）にも賢治の刊行本は納められたのだが、その公的な場に隔離された自著本に対しても、借り出しては、書き入れを施している。賢治の親友で音楽教師の藤原嘉藤治《ふじわらかとうじ》も、上京時におそらく賢治の指図に従ったのであろう、書き込みリライトをしていることが近年判明している。

詩壇の大御所となった萩原朔太郎《はぎわらさくたろう》（一八八六〜一九四二）といえども詩集『月に吠える』（大正六年）が再版（大正一二年）に至ったのは特筆すべきことであるので、刷り増しなど期待すべくもなかったとはいえ、あくなきリライトへの熱情と執拗さは、①の「永遠の未完成」を自覚的に積極的に実践していたとしか思えない。

賢治の実家は裕福であり、経済的には次々と自費出版や私家版が出せたであろうに、何がしかの絶望を感じたのか、刊行はたったの一度限りであった。『春と修羅』は第二集、第三集と、それぞれ序文も書いて用意はしてあったのだが。

『銀河鉄道の夜』の岩波文庫ヴァージョンは最後のパートにブルカニロ博士が登場して、内容、結末が他社本と異なっている。一〇年以上かけて書き継がれて地層のように堆積した草稿群に対して編集サイドの極めて困難な仕分けの違いから異本が生じたのだ。

『風の又三郎』の岩波文庫版も、生徒の数が異なっている。草稿で「三年生」と書かれた箇所は、「三」の一画目の棒線と二画目の棒線の間隔が心持ち空いているように判読されるために、「一、二年生」として活字に組んでいる（従って原文には「、」はない）。

賢治がちゃんと升目の原稿用紙に文字を埋めて執筆していれば、派生しなかった問題である。こうした異本の類は、枚挙に暇《いとま》が無い。文字記号もインクの飛沫も見せ消《け》ちの様態も、スキャナーですべて画像として取り込めるファクシミリ版の《稿本》版があってしかるべきである。あるいは、活字信仰を超え出た二一世紀以降を見越した《文学行為》だったのかもしれない。事後的、結果的な説明ではあるのだが。

③ 作為的な『正誤表』の思惑——誤記・誤植を楽しむ《文学行為》

『春と修羅』には、最後のページに「正誤表」が収載されている。これも一考に値する極めて珍しい不思議な現象であるが、数多《あまた》の賢治論において言及し注意を喚起するものは、管見によればほとんど見当たらない。まず近現代の詩集に「正誤表」が付けられること自体、異様であり異例である。詩集は現代でも自費出版が多い。しかも時間的に余裕を持って満を持して上梓《じょうし》されるものだ。第一詩集ともなれば余計にそうであろう。ところが、『春と修羅』においては、一ページ分もある「正誤表」を態々《わざわざ》、奥付ページの裏面（二九七ページからの第二〇折表の最後三一二ページ目）に上下二段に組んで印刷に付しているのだ。

結論から言えば、賢治は半ば意図的に「正誤表」を作成・印刷したのではないか。つまり、エラーすること、誤植すること自体を楽しみ喜んでいる節《ふし》が窺《うかが》えてならないのだ。急ぐ必要は何らないはずである。しかも、別刷りで折り込みにするなら、何らかの事情で校正段階の処理がうまく機能しなかったのかもしれないと忖度《そんたく》もしうる。しかし、麗々しくも綴じ込みされている。そんなことをする閑《ひま》や手間があったら、当該ページの本文箇所を訂正済みに処理していく方が普通は常識である。

考えられることは幾つかある。

科学者特有の厳密さが杜撰《ずさん》さを無視しえず、誠実に振る舞ったためか。賢治が親しんでいた化学などの自然科学系統の専門図書には、おおむね正誤表は常態であり、それにあやかったか。その延長線として、ひょっとしたら、学術的な仕事として世にプレゼンテーションしたいという思惑や意識の痕跡が見え隠れしているのかもしれない(2)。

当時の最新のハイテクであった活字活版印刷術のもつ潜在的な可能性、些細《ささい》な周縁的な行為さえも実践し享受しようとしたことは確かだ。ワープロで漢字変換される際の思わぬ同音異字を楽しむ心境にも通じるものであろう。「正誤表」までも準作品視しているかのようだ。自費出版で、しかも「自己編集」ならではの産物、収穫とみたい。小説ではありえないだろう。たとい誤植に気づいても麗々しく掲げることはない。欠陥手抜き商品と受け取られかねないので、製作・販売サイドが諒《りょう》としないだろう。小説では多少の誤字脱字があっても、さしたる問題とはならない。医学・薬学や数学などの厳密な自然科学の専門書や法律・経済・商業などの実務的な社会科学系の本では、小数点の位置の誤植も命取りになりかねず、許されない。『春と修羅』も専門的語彙《ターム》や英語、カタカナ、《　》やルビが頻出し、タイポグラフィックな版面《はんづら》などのために、拾い慣れない文選工《ぶんせんこう》や植字工《しょくじこう》の単純ミスとも思われる箇所も含まれている。印刷所（花巻市）と発行元（東京）とが離れていて連携作業が上手くいかなかったこともあるのかもしれない。しかし態々「正誤表」となると、別次元の話だ。

正確無比な本文や情報を提供するメディアとして活字活版の印刷物は権威と信用を構築してきた。いつ誰が、どんな状況の下でも、何百年ののちの時空間でも、開けば全く同じ版面、字面《じづら》が寸分たりともたがわず顕れ、再現再生される。と同時に、エラーすること間違うことに対して抑圧が掛けられる社会システムを誕生させた。正解主義や正確さを至上とするメンタリティが求められていくことになった。リアリズム文学や芸術も、信用《クレジット》を基盤に展開する資本主義経済も、この印刷術のメディア特性が育《はぐく》み花開かせたものだ。教育者でもあった賢治は、こうした、規格品を生み出すようなメディア特性に何らかの違和を覚えるところがあったのかもしれない。それを超え出る今日のＷｅｂメディア的な手つきが垣間《かいま》見《み》られたのである。

④　活字オブセッション――文字遊び、文字映画の発明

活字を「鉛の兵隊」と賢治は呼んだことが物語っているように、手書き文字を活字に変換すること

への過剰な思い入れや夢想や拘り《こだわ》がある一方で、抑圧・排除される身体性への抵抗や逸脱があり、そのアンビヴァレンスな心情の揺れは、②でみたように自著刊行本への更なる手入れ行為などに顕著に窺われる。

『銀河鉄道の夜』では、幼いジョバンニが活字拾いをする文選工として毎日、放課後に労働に従事していた。組み合わされた活字の粒々は、やがて天上空間を旅する星座の星々へとイメージ変換され、この世とあの世の異界通信をしていくメディアそのものであった。

活字への過度の関わりを示す詩篇が『春と修羅』集中にある。ボウフラがダンスをしている動きを愉《たの》しく文字表象で表した詩「蠕蟲舞手《アンネリダタンツエーリン》」は、活字印刷でもって文字による冒険が大きく一歩踏み出された記念碑的作品である。パラパラ漫画の原理なのだが、似たような形態の活字文字を連鎖・連続して組むことで、読み手の眼には、その上から下に辿《たど》る読字方向の視線の動きにあわせて動画的に映像化され再現されるだろうという目論見《もくろみ》である。その箇所を原著からそっくりコピーしてみよう。

（えゝ、8《エイト》 γ《ガムマア》 e《イー》 6《スイツクス》 α《アルフア》
ことにもアラベスクの飾り文字）

かな文字、オドリ字、読点、アラビア数字、ギリシャ文字、アルファベット、と六種類の文字記号を差異と反復を繰り返しながら、微生物の動きをフィギュール化して文字表象で綴っていく。まさしく文字映画といってよい。しかも右側のルビは、映画の一コマ一コマの右横を走るサウンド・トラックの機能も兼ねているかのようだ（この詩集の二年後に出現するトーキーを先取りした発想である）。こんな愉しいオーディオ・ヴィジュアルな活字遊びの詩を大正一三（一九二四）年の時点で誰が考え付くだろうか。

活字フェティシズムの過剰・逸脱振りは、この数字の8や6の細部にも宿っている。今日の文庫本などの流布本では、普通の数字の単なる8や6になっているものがほとんどだが、態々賢治は鉛活字を特注して、数字の入筆にあたる部分の捩《よじ》れ傾いた活字を鋳造させているのだ。姿態をくねらすボウフラ（蚊の幼虫で、棒振ともいう）の動き自体を、活字メディアでもって表象できないものかという、自然科学者の観察眼と言葉遊び的な詩的造型センス、イメージ構成力も備えた、賢治ならではの実験的で愉快なアヴァンギャルディックな詩篇である。当時は到底こうした企《たく》らみも面白さの水準も理解しえたものはいなかったであろうことは推察するに余りある。これも、通常の出版社では、活字の厄介な作字鋳造からなにから編集サイドからダメ出しが来てしまうところだろう。半年後に刊行する童話のタイトル、『注文の多い……』とは、賢治自身のことだったのでは、と想像を逞《たくま》しゅうせざるを得ないほどだ。当時、博文館などでは、活字を一本一本、注文販売もしていた。何らかのルートを頼ったか、手づるでもってこうした手の込んだ活字を組むことができたのだろうか。こんな煩瑣《はんさ》なことを注文していたので、半分あきれ返られて満足な校正もしてもらえなかったのかもしれない。

⑤《心象スケッチ》という方法論

タイトリングの名手であった賢治は、命名も得意であった。《心象スケッチ（mental sketch modified）》というのも通常謂《い》うところの「詩的エクリチュール」に近いニュアンスの含蓄に富む造語だ。心理哲学と文学と美術を相互越境したようなネーミングだ。書く行為が、ライティング／ドローイング、など敷居を超え出た意識での世界の「書き取り」（賢治詩集の刊行年一九二四年はA・ブルトンによる「シュルレアリスム」宣言の年号とぴったり暗合するので、その宣言のキーワードを借りればこういった言い方が似つかわしいかもしれない）と通脈するものであろう。

さだめし「蠕蟲舞手《アンネリダタンツエーリン》」などは活字を駆使したドローイング、ある種の摺刷《しゅうさつ》的なフロッタージュ表現という見方も可能だ。

また、modifiedは、「改変された」、Webメディア的な言い方をすれば「上書きされた」といった語意だが、「（自己）編集」されたという解釈もこれまで見てきた文脈からすれば可能だろう。①の「永遠の未完成」の実践例にも当たる。

賢治は、描写でも、写生でも、念写（写真）でもない革新的な方法論を提唱したのであった。そうであるからこそ、自分の著作（文学行為）を手垢《てあか》に塗《まみ》れた「詩集」といわれることを拒んだのだ。書店に並ぶ際に背表紙の角書きの「詩集」の文字をブロンズの粉で消したという逸話は語り草になっている。

⑥《通信》行為という編集

電話、電報、無線通信、ラジオ、レコード、トーキー、自動車、地下鉄などの交通・通信網が整備・拡充されていく一九二〇年代は、書籍の発行部数も増大、相次ぐ雑誌メディアの創刊、チラシやビラも含め人々は目まぐるしい情報環境に取り囲まれ、さまざまなコミュニケーションの夢想が掻き立てられていった時代だ。

一刻も早く、またダイレクトに相手にメッセージや思いを届けたいという衝動が賢治にはことのほか激しかった。つんのめる吃音《きつおん》的な表現行為であると指摘したことがあったが、(3) そのことがかえって逆に周囲や共同体とのディスコミュニケーションを惹き起こす事態ともなっただろう。

賢治が旺盛な執筆活動をしたこの一九二〇年代は、ハッブル(一八八九〜一九五三)による天体反射望遠鏡などの高性能な光学機器の登場などによって、銀河系はじめ、天文宇宙の学問情報が飛躍的に増大した時代でもある。いま、眼にした星の光は、自分はおろか人類や地球誕生以前に、その星から発信されていて、何百億光年もかかっていまここ花巻に届いたものだ、そしてその星は、いま視《み》えているものもいまはもう存在しないかもしれない、という科学的知見に接した時の驚きや衝撃。そうした時空間意識でもって身の回りの自然や社会を観察し、記録・報告したであろう賢治にとって、自分の発信するメッセージがどのような時空をいま移動している(いく)のだろうという途方もない夢想にかられてもおかしくはない。同時期の四次元世界やシュルレアリスム手法の発見や認識もそうしたことと繋《つな》がっていたのだ。

賢治の表現行為や作品は、押《お》し並《な》べて《通信》行為であると換言しても過言ではない。刻々と変化し改変しているこの今の自分自身は、ついさっきまでの自分とは、気分も血圧も細胞の数もすでに変わっている。言えるのは、いまこの瞬間的な自分がたえず「現象」として立ち顕れているに過ぎないということだ。映画フィルムの一秒間に二四コマが差異と反復との連続性でもって存在や生命体が立ち顕れてくるような唯物的な自己認識のあり方である。

「わたくしという現象は／仮定された有機交流電燈の／ひとつの青い照明です／（あらゆる透明な幽霊の複合体）」（『春と修羅』「序」）と謳《うた》ったところの「わたくしという現象」は、凡庸な戦後作家なら、さしずめ固定的に「わたくしという存在」と言ってしまうところだろう。

そうした自己認識観を予兆させるエピソードがある。中学生の頃の賢治は、態《わざ》と自分宛に郵便書簡を投函して、数日後にそれを受け取ったときの奇妙な落差、違和感を楽しんでいたという(4)。投函した時点での自分と、その手（筆跡）の延長物であるものを時空間を隔て受け取った時に、これが自分の書いたものとは思えないような不思議な感覚に襲われることは、例えば宛先不明で戻ってきた郵便物を手にしたときなど我々も感じるものだ。夜中に傑作が書けたと思い、朝起きて読み返してみたら、それが朝の光に白々しく見えているような体験にも似ている。その時々の自分しかない（永遠の未完成、これ完成也）とすると、絶えずリライトするしか、上書きを重ねるしかなく、自らを固定化してしまう契機の必然性は、自己存在が自己編集である限りありえないのであった。

⑦ 即興的身体

賢治の表現のありかたが、本質的に即興的《インプロヴィゼーション》であることは育った土地にも起因する。活字印刷文化以前の長い時間をかけて熟成した口承文芸の豊かな土壌基盤が、賢治の時代にまだ色濃く残存していたからでもある。柳田國男（一八七五〜一九六二）が、賢治と同郷の佐々木喜善《ささききぜん》から聴き及んで潤色、編集して固定的な文学作品化してしまった『遠野物語』（明治四三年）などのフォークロアが身の回りにふんだんにあった。賢治も「ざしき童子《わらし》のはなし」などを著した。こうした口承文芸の堆積地層と二〇世紀の最新ハイテクのモダニズム、つまり活版メディアとが賢治を媒介に出会った奇跡的現象、それが賢治の表現だったのである。

口承文芸は、記憶媒体が身体や脳であるため、ちょっとずれた地域では異なるヴァージョンが生まれ、また語り芸などは、その日の天候や聴き手の集団との関係に左右されがちであり、あるいは語り手の体調や気分次第で、即興実演（再現）はいかようにもアレンジされてしまう活き物であった。一言で言えば、同じものが再度、再演、再生されるということはありえないのだ。活字活版の書物は、いついかなる人間が、どんな状況下で紐解《ひもと》こうが、同じ版面、字面でメッセージが再生・再現できる。その反面、当然ながら書物メディアでは発信者と受け手側双方の臨機応変な対応が不可能となり、当意即妙な人間味に欠けるマシーンとしての書物観が派生することになる。一方通行のコミュニケーションのあり方が強化されていくばかりである。

従って、賢治が編み出した方法としての《心象スケッチ》は、即興的身体の書き付け法、ジャジー

(jazzy) な詩的言語の振る舞いを保障するアイディアでもあった。

賢治の後輩格にあたる、同じく東北モダニズムを体現・実践した寺山修司（一九三五〜一九八三）は、書物メディアのこうした物質性やメカニズムを「書物機械」、「書見機」などといったコンセプトとして演劇ジャンルに積極的に取り込んだ。

読みかけの書物を閉じて寝ると、翌日に開いたら読んだ箇所の活字が糸の切れたビーズ玉のようにページの下にずり落ちて溜まっているんじゃないか、という強迫観念にかられた、と語った寺山の書物イメージは、賢治の後継者に似つかわしい。ちなみに寺山は、「書物の起源冬のてのひら閉じひらき」などという書物の構造の起源を主題にした秀逸な俳句も残している。

自伝的色彩の濃い『田園に死す』は、同名の歌集の寺山自身による映画ヴァージョンである。そもそも映画とは、撮影行為というカチンコによる「カット」の集積からなるフィルムを、更にカットし繋ぎ込んでいく多重編集で成り立つジャンルなのだが、《編集》とは何かに関する哲学的な考察がテーマのメタ映画（映画についての映画）でもあった。評伝や自伝など、そもそも記憶自体を想起し、言語化していく過程では《自己編集》というバイアスを免れない。

ひいては、日々の事件や出来事の報道も、さまざまに編集・検閲がなされたうえで伝えられているものだ。伝えられてないもの、編集しえぬものも沢山ある。そうしたニュースの堆積・体系としてやがて「歴史」という言説を我々は共有していくことになるのだが、自分自身の歴史（自伝、履歴）でさえ都合よく脚色され、デフォルメされ捨象され、騙《かた》りがなされてしまう。『田園に死す』は、この問題を主題とした、《自己編集》の堆積としての賢治の《文学行為》に対する寺山一流の応答であり、オマージュのように思われてならない。

⑧ 校本全集という容れ物

《定稿》意識が希薄で、さまざまなジャンルを横断越境し、しかも作品と非作品とが連続性を持っているような書き手の個人全集は、編集作業や本文を確定する校訂作業が難航するため、完結するまでに長い年月と手間を要してしまう。出版書肆《しょし》側も相応の覚悟がないと採算にあわず、経営基盤を揺るがしかねない。コミックや週刊誌、教科書などを持っているメジャーな出版社は、純文学にも手が出せる。賢治の場合、『校本全集』、『〔新〕校本全集』の版元は筑摩書房である。

しかも、新発見の関連資料などがまだ時折出てくるので、それこそ全集自体が「永遠の未完成」状態を強いられる。メモや書写、農業技術指導員としての書類など、純然たる作品といえないものでも、賢治が書き記したものは断簡零墨《だんかんれいぼく》にいたるまですべて収録する編集方針を取っている。賢治生前の関係資料を網羅し、「索引」の巻だけでも一〇年近くかかって完璧《かんぺき》を期す出版事業であった。このような個人全集は、ほかに類例をみない。情報資料収集センターとしての花巻の「宮沢賢治イーハトーブ館」、「宮沢賢治記念館」の果たした役割も看過できない。岩波書店の『漱石全集』も漸次、完璧を目指しているが、こちらは本文の註釈や註解も詳細を極めるような方向性を特色として打ち出している。

賢治の場合は、②でもみたように異稿、手入れ稿があるので校本という形式（容器）でしか盛り込めない。もっとも普通の一般的な読者にとっては不便であるため、標準的なテクストを編集サイドで確定してしまって、よりハンディな形の全集（新修版）も一方で同じ版元から供されている。

この『〔新〕校本全集』の出現は、他の近代作家の全集のあり方にまで影響を与えた。明らかに賢治の影が落ちている詩人・中原中也《なかはらちゅうや》（一九〇七～一九三七）の『新編・中原中也全集』（角川書店）は、『〔新〕校本全集』のコンセプトをふまえているといってもいい。また娘にねり、（「グスコーブドリの伝記」）と名付けた安部公房《あべこうぼう》（一九二四～一九九三）の全集は、ねり氏が中心になって完璧な全集（新潮社）を目指したが、第一巻から、すべて編年体に作品をタイムシークエンスで収録し、ジャンルはごちゃ混ぜで並べられている。

全集は巻立《かんだ》ても大事なコンセプトである。第一巻目にどういった作品を収録するのか。賢治の場合、短歌や詩篇から始まるのが定番だが、童話から始めれば詩人のイメージよりも童話作家賢治の作家像が強く打ち出される。⑥でも指摘したように、賢治の文学行為を《通信》とみなすなら、第一巻目は「書簡集」も充分ありえる。モーツァルトやゴッホの書簡に劣らぬ素晴らしいもので、父や妹、友人宛書簡には賢治の心の襞《ひだ》や陰影が映し留められており、作品に匹敵する。本人の出した書簡だけでなく、受け取った手紙を収めた「来簡書簡集」なども、『志賀直哉全集』（岩波書店）では、補遺の形ですでに出版されており、今後の課題である。

全集の配本がどのような順番だったかも完結してしまうと見えなくなる事象だが、全集の性格、ひいては作家の特性がそこから垣間見られよう。図書館などで全巻揃って並べられているのをみても、どのようなプロセスを辿ったのかいちいち奥付を閲《けみ》しなければならない。全集刊行に先立って書店や図書館などに配布される内容見本のパンフレットが簡便である。折り込みの「月報」を合本しているような学術的な図書館では、是非とも全集の横に併置しておいてもらいたい。監修者や編集委員、推薦者などのコメント、その全集の基本設計の理念やコンセプトが簡約に謳われていて、やがて消えてなくなってしまうだろうが、編集作業の進行段階での貴重な情報資料である。しかも当初の配本順がおおよそ分かる。漱石で言えば、その時代、『こゝろ』が売りの時代だったのか『三四郎』、『我輩は猫である』だったのか、時代の空気や読書界の動静さえ浮かび上がってくる。簡便な年譜や新発見の貴重な資料や珍しい写真なども載せている場合も少なくない。一時、どこの図書館も箱（箱に帯が付くことが多い）や単行本のカバー表紙も廃棄していた。内容やメッセージ、中身中心主義の近代の悪しき習わしであった。

まとめ

上述したように、文学者の仕事は最終的には「個人文学全集」という容器に納まる。初出時の新聞や商業雑誌などで編集工程を経たものが大方の、文学史上に認められ評価を受けている「作品」の全集は作りやすい。しかし賢治の場合はまず、定稿志向が希薄というか、眼中にないような、しかも

「文学者」という括りが本当に適切なものなのかも留保しなければならないような表現者は、それ相応の仕掛けや容器まで考案しなければならない。

人口に膾炙《かいしゃ》している「雨ニモマケズ」にしても、誰もが知っている詩篇として享受しているが、青鉛筆書きで、「11．3．」の日付（明治天皇誕生を記念した明治節の日）が冒頭部に書き記されたこの「作品」は、原稿用紙ではなく昭和六（一九三一）年頃使用していた「手帳」という紙媒体であった。賢治は、現存するだけでも一五種類の手帳にいろんなメモや心覚え、下書きや構想、花壇の設計レイアウト図面などを記した。専門家の間では、〔「雨ニモマケズ」手帳〕と呼び習わされている。詩篇ではなく、あくまで日記であり、この日の「心覚え」であるという見解の余地もあるのではなかろうか。(5)「11．3．」の日付を岩波文庫以外の文庫など流布本は何故か外してある。

ライティング・スペースとして「手帳」を頻用したのも、書斎で原稿用紙の升目を埋めていくのではなく、山野のフィールドを跋渉《ばっしょう》しながら、風や月明かりを身体に浴び、雨に濡れ、風雪に抗《あらが》いながらそれらと交感しつつ書き記すスケッチを目指したからだ。しかもこうした手帳に書き留められた、発表する意志もなかったであろうエクリチュールやドローイングの痕跡を《文学行為》と決め付けていいものか戸惑うところでもある。まるで勅使河原三郎《てしがわらさぶろう》（一九五三〜）のダンスや、パーフォーミング・アーツの要素も濃厚に含んだ行為であると見做《みな》すことも今日では可能だろう。

こうした特異な文学全集では、手帳を単に付随的な資料編のレベルで扱ってもいいものだろうか。「手帳」という巻立てで、第一巻目あたりにパッケージすれば、また新たな賢治イメージが像立されもしよう。「雨ニモマケズ」がいつまでたっても、詩集の巻に配置・収録されていては、詩という既存の、所与のジャンルのなかで化石標本のように聖域化し、鎮座するばかりであろう。シリアスな「雨ニモマケズ」とチャイコフスキーの原語綴りの練習書きとが、この手帳中には同居している事態の楽しさなどは、なかなか伝えられていない。

作家イメージは、何より編集者によって誘導され作り出される。古典化しつつある作家の場合は、編集次第で作家の貌《かお》も変わるのである。そして「文学」というカテゴリーに程よく納まらない賢治のようなケースを編集するときに、「文学」とは、「作家」とは、といった近代が疑いもなく至上のものとして決め付けてしまった事象を、一旦宙吊り状態にして検証しなおす格好のチャンスとなるはずである。二一世紀の《編集行為》が、文学史、ひいては思想史を書き直すといっても過言ではない。

註

（1） 辻潤は、『読売新聞』に連載中の「惰眠洞妄語」（大正一三〔一九二四〕年七月二三～二四日）で新刊の『春と修羅』を絶賛し、佐藤惣之助は、『日本詩人』（大正一三年一二月）で「大正十三年度最大の収穫」と、年間の詩壇回顧の総評のなかで同詩集を高く評価した。草野心平は、いち早く世界的な詩人として賛辞を呈した（『詩神』〈大正一五〔一九二六〕年八月〉）。従って、生前、無名に近い存在という従来からの扱いは、留保せねばならず、地方の同人詩誌でも同詩集が話題になっていたことが近年の調査・研究で明らかになってきてもいる（渡部芳紀編『宮沢賢治大事典』〈勉誠出版、二〇〇七年〉参照）。

（2） 森佐一宛書簡（大正一四〔一九二五〕年二月九日）では、「これらはみんな到底詩ではありません」「序文の考えを主張し、歴史や宗教の位置を全く変換しようと企画」と賢治は『春と修羅』の目論見を新進の詩人である友人に洩らしており、岩波茂雄宛書簡（大正一四年一二月二〇日）では、岩波書店から刊行されている「哲学や心理学の立派な著述」に対し、自分の著述『春と修羅』も自ら恃むところがあることを述べている。共に、通常の詩集と受け取ってもらうことを拒んでいた証《あかし》である。

（3）『表象からの越境』（人文書院、二〇〇二年）所収の拙論「宮沢賢治におけるインプロヴィゼーション、或は吃音的行為」、拙論「宮沢賢治におけるインプロヴィゼーション、あるいは即興的身体」（隔月刊『文学』岩波書店、二〇〇一年七・八月号）参照。

（4） 天沢退二郎編『宮沢賢治ハンドブック』（新書館、二〇〇一年）所収の「通信」（高橋世織担当）の項目参照。

（5） 拙論「地球温暖化時代に賢治詩篇とどう向き合うか――風とゆききし　雲からエネルギーをとれ」（隔月刊『文学』岩波書店、二〇〇八年七・八月号）参照。

美術全集と東山魁夷——編集の作為を読み解く

金子伸二

はじめに

美術全集は美術の本の代表格といってもいいだろう。なにしろ美術全集は本そのものが大きくて重いし、値段も高い。本の中身にしても文章の割合は少なくて、美術作品の写真図版がほとんどを占めている。「美術書」と言われて思い浮かべるイメージの典型が美術全集なのだ。

美術全集は、たいてい対象とする時代や地域、ジャンルや作者を設定して、それに該当する作品の図版を集めて掲載している。対象さえ決まっていれば、あとはただ図版を並べてきれいに印刷すれば良いように思えるし、客観的な資料としての作品集であることが大切で、全集自体の個性や特徴を表立って発揮する余地はないように思える。そうした美術全集を取り上げて、そこに編集の作為を発見してみようというのがこの論の狙いだ。

今回題材として取り上げるのは、「日本人が最も愛した画家」[1]といわれる日本画家、東山魁夷《ひがしやまかいい》（一九〇八〜一九九九）である。たいへんに人気のある画家であり、数多くの美術全集で取り上げられている常連メンバーだ。魁夷とその作品が美術全集のなかでどのように扱われてきたのかを点検してみることで、編集という行為のもつ意味を考えることができるに違いない。

ここでは戦後（一九四五年以降）から現在（二〇〇八年九月）までに刊行された美術全集のなかから、

全集の各巻が作家別に構成され、そのなかに東山魁夷の巻が設けられているものを取り上げることにする。この条件のもとで対象となるのは年代順に次の六種類の全集になる。

①『日本の名画』全五〇巻（講談社、一九七二～一九七四年）B4判の判型で各巻二八ページの、グラフ誌のような体裁の本になっている。取り上げている画家の年代は室町時代から昭和までと幅広いが、全体の約七割を明治以降の画家が占めている。第二八巻が『東山魁夷』（吉村貞司編、一九七二年）。

②『現代日本の美術』全一四巻（集英社、一九七四～一九七七年）A3判で各巻一四二～一四八ページという大部の冊子。これはその三年前に刊行された『現代日本美術全集』全一八巻の第二期として位置づけられたもので、明治から昭和にかけて活動した画家を取り上げている。第五巻が『東山魁夷』（桑原住雄解説、一九七四年）。

③『日本の名画』全二六巻（中央公論社、一九七五～一九七七年）B4判より天地が短い、絵画のF4号や半紙に近い判型で、各巻一二八～一三四ページで構成され、これも明治から昭和の画家を対象としている。第二五巻が『東山魁夷』（本間正義編、一九七七年）。

④『現代日本画全集』全一八巻（集英社、一九八〇～一九八三年）A3判の天地をやや短くした判型で各巻一二八～一三二ページあり、大正から昭和にかけて活動した日本画家のみを取り上げている。第一二巻が『東山魁夷』（河北倫明《かわきたみちあき》編、一九八〇年）。

⑤『アートギャラリー・ジャパン　二〇世紀日本の美術』全一八巻（集英社、一九八六～一九八七

年）「ジャケット判」と呼ばれるＬＰレコード大の判型で各巻一〇〇ページにまとめられ、明治から昭和の画家を対象としている。第八巻が『東山魁夷／福田平八郎』（岩崎吉一《いわさきよしかず》／原田平作編、一九八六年）。

⑥『現代の日本画』全一二巻（学習研究社、一九九〇～一九九一年）ほぼＡ４判に相当する判型で各巻一二四～一二八ページ。これも大正から昭和の日本画家に絞っている。第七巻が『東山魁夷』（尾崎正明編、一九九〇年）。

この①から⑥のそれぞれの全集のなかで魁夷を扱っている巻を今回の資料とする。これらの全集を読み直していくことで、どのような発見ができるだろうか。

1　美術の全集ではない美術全集

東山魁夷の巻の内容を詳しく見ていく前に、美術全集というものの性格やはたらきについて、なにか考えられる問題はないだろうか。当たり前のことだが美術全集を編集するためには、まずそこでどのような対象を美術として取り上げるかが定まっていなければならない。このことを裏返せば、美術全集はそれを編集する側が美術をどのように捉えているのかを示しているということになる。美術の概念が変われば、それに応じて美術全集の内容もまた変わっていくのだ。(2)

また美術全集は対象として設定した時代や地域、ジャンルや作者といったテーマに関わる作品をすべて収録したり、すべては不可能でも代表的な作品を漏れなく収録している点に最大の特徴がある。全集に収録されていない作品は、なんらかの事情で収録できなかったものを別にすれば、編集する側がそのテーマに当てはまらないと判断したり、当てはまっていても収録を見合わせる判断をしたものだ。つまり美術全集には、そのテーマについて知っておくべき作品はこれだという、編集する側の価値判断が映し出されているのである。

例えば②『現代日本の美術』や⑤『アートギャラリー・ジャパン　二〇世紀日本の美術』といった全集名からすると、読者はそこに現代の、あるいは二〇世紀の日本の美術作品が集大成されていることを期待するだろうが、実際にそこで取り上げられているのは洋画家や日本画家による絵画作品だけであり、彫刻家や工芸家ははじめから対象外になっている。④『現代日本画全集』や⑥『現代の日本画』でも、その時点で活動している日本画家がすべて取り上げられているわけではなく、代表者として選ばれたごく少数の作家だけが対象になっている。①と③に共通する『日本の名画』という書名の場合は、「名画」という評価を前面に打ち出している。そこに作品を取り上げることは、時代を超えて残され継承されるべき文化的資産としての価値をその作品に認めているのであり、絵画はかくあるべきという規範的な権威を作品に与えているのである。(3)

2　作品配列にあらわれる作家観

次に、美術全集の一巻ごとの構成に目を向けてみよう。今回取り上げる①から⑥のような作家別に構成された美術全集の場合、その主な内容は作品の図版と各作品についての解説のほかに、評伝形式の作家解説と年譜、参考文献目録などからなるのが一般的だ。現代作家の場合であれば、これに作家のポートレート写真や作家自身による随筆などが加わることがある。

作品図版の配列はたいていの場合、制作年代順に古いものから新しいものへと並べられる。例えば③中央公論社版『日本の名画』では凡例の最初に「収録作品は編集上やむを得ない場合を除き、それぞれ制作年代順に配列し」と記してこの原則を明らかにしている。年代順に並べるのは基準が明快で分かりやすいし、作家の仕事の変遷を客観的に捉えるには適したやり方だ。

しかし実際の作品配列は必ずしもこの原則のようになっていない。③の東山魁夷の巻では、掲載されている図版のうちもっとも早い時期の作品は一九四七（昭和二二）年の「残照」なのだが、巻頭に置かれている図版は一九五〇（昭和二五）年の作品「道」になっている。この点についての「編集上やむを得ない」事情は特に説明されていないが、もしかすると代表作である「道」を口絵のような扱いで冒頭に持ってきたのかもしれない。②『現代日本の美術』でも「道」は「残照」に先立って巻頭で掲載されている。どうやら美術全集において巻頭に置かれる作品は、図版の基本的な配列順序とは別に選択される場合があるらしい。この問題についてはまたあとで取り上げてみよう。

それにしても、年代順に配列したその最初の作品が一九四七年の「残照」であるのは興味深い現象だ。のちに魁夷と号する東山新吉が東京美術学校に入学したのは一九二六（大正一五）年、雅号を「魁夷」としたのが一九三一（昭和六）年だから、それから「残照」までのあいだに描いた作品も掲載対象になってよいのだが、①から⑤の各巻では取り上げられていないのである。⑥『現代の日本画』にしても、一九四〇年代のスケッチ画数点が、長野県信濃美術館東山魁夷館の収蔵品紹介として掲載されている程度なのだ。

このように、美術全集は対象作家の作品を、必ずしも活動期間のすべてにわたって網羅的に取り上げているわけではない。逆に編集する側が掲載の判断をした作品群でもって、その作家の実質的な活動期間が定義されるのである。

こうした年代順の配列を基本としながらも、近年の作品は別扱いで前のほうに配置するという構成が行われているのが⑤『アートギャラリー・ジャパン』だ。一九八六（昭和六一）年刊行のこの巻では一九八〇年以降の近作八点が最初の章に置かれ、その後は「残照」からほぼ年代順に作品が配列されている。こうした扱いは作家が現役であり、新作がなお制作されている状況のもとで成り立つものだ。これによって同じ作家を取り上げた過去の全集との差別化ができ、すでに過去の全集を持っている愛好者や、それまで関心を持たなかった新たな層にも訴求できるだろう。

近作を巻頭に配置することの意味は、情報面での新しさを強調することのほかにもある。例えば⑤では最初の章に欧州や日本の風景に取材した近作が集約されているが、それらについて解説の岩崎吉一は、「ある時は北欧シリーズのように北方の厳しさを求め、またある時には連作『京洛四季』のように日本の心安らぐ温かさに回心し、遍歴と回帰の長い旅をつづけたこの画家が、今や外国であるか日本であるかを意識させない、自由な美の世界に飛翔しつつあることを感じさせる。それは東山魁夷の芸術の成熟を物語るものであろう」と記している。

この解説の基盤になっているのは、作家の現在の仕事を最良の到達地点として位置づけたうえで、過去の仕事をそこに至るまでの過程として捉えるという進歩史的な見方だ。作家の仕事は今日の完成された状態に向けて段階的に発展してきたのであり、巻頭に置かれた現在の作品を念頭にしてこれまでの作品を見直すことでそのことが確かめられるというわけだ。つまり巻頭に置かれる作品は、単に代表作としての口絵というだけでなく、それ以後に配列された作品群を鑑賞する際の視点を読者に提供していることになる。

こうした進歩史的な作品構成は、すでに④『現代日本画全集』において試みられている。この全集では各巻の巻頭にそれぞれの作家の言葉が掲げられているのだが、他の画家の多くが自らの美術観を随想風に述べているのに対し、魁夷はここでは主に次のような、この巻の作品構成の特徴を語っている。

「この画集では、作品の配列の上で新しい試みがなされている。私の最近の画業であり、その完成に九年間を費やした唐招提寺御影堂障壁画を中心に据えて、そこに到る私の遍歴の道を辿るという編集方式がとられた。(中略)元来、画家の作品集は、いわば、伝記のようなもので、最も初期の作品から順を追って近作に到達するのが常道とされているが、このように過去の画業の集大成でもあり、また、新しい遍歴の出発点ともなる最新の大作を初めに紹介して、そこへ辿りつく道程を顧みるという形式は、私自身にも興味が深い」

この言葉のように④では、一九七三(昭和四八)年の「春雪」から一九八〇(昭和五五)年の唐招提寺障壁画「揚州薫風」「桂林月宵」「黄山暁雲《こうざんぎょううん》」までの作品が「水墨画の世界へ」という章題で巻の前半に置かれ、後半にそれ以外の作品がほぼ年代順に配列されている。ここでは魁夷の水墨画家としての姿が強調されるとともに、唐招提寺障壁画の仕事がその到達点とされているのである。

先に見たようにこれ以前の全集、例えば②『現代日本の美術』や③中央公論社版『日本の名画』では「道」が特別な位置づけを与えられ巻頭に配置されていた。いわば「『道』の東山魁夷」だったのである。そもそもなぜ「道」はそうした特別な位置づけを与えられたのだろうか。③で本間正義はこの作品について、「昭和二五年の夏に、再びここ(引用者註——青森県種差《たねさし》牧場)を訪れて、この道を描いた。その時、これがこれから歩いてゆく道だと思っているうちに、また今までたどってきた道としても見ていることがあったといっている。考えようによっては、これは画家の自画像であるかもしれない」と解説している。

ここでは、この画面に描かれた道は単に風景画におけるモチーフの一つではなく、魁夷の制作の道のりを描いたものであるという解釈が、魁夷自身の発言を手がかりに提示されている。つまり、作品の画面に描かれた主題と作家とを重ね合わせて理解しようとする受容の形式がとられているのである。この道のりには二つの意味、つまり風景画家として各地の道を旅して歩くという意味と、画家としての生涯の道程を遍歴してゆくという比喩《ひゆ》的な意味とが含まれている。巻頭に「道」の図版が配置されていることからは、これから配列される年代順の作品群を魁夷の二重の意味での歩みの道程として提示しようという編集する側の狙いがうかがえる。

こうした「道」の扱い方は唐招提寺障壁画の制作によって大きく変化することになる。障壁画を巻頭に配置することで、「『道』の東山魁夷」から「『唐招提寺障壁画』の東山魁夷」へという魁夷像の転換をもたらしたのである。そうした変化の一方で、画面の主題と作家との重ね合わせという受容形式はなお維持されているようだ。

障壁画は鑑真和上《がんじんわじょう》ゆかりの中国の風景を描いているのだが、その取材のためのスケッチ旅行で魁夷もそれらの土地を訪ねていることから、鑑真和上の旅は魁夷自身の旅と重なり合うことになる。それによって、「『道』の東山魁夷」の基調にあった遍歴の道程のイメージは「『唐招提寺障壁画』の東山魁夷」にも受け継がれ、さらに鑑真和上に対して人々が抱いている宗教的な求道者の姿が魁夷にも付与されることになるのである。

⑥『現代の日本画』において「道」は作品図版の最後に掲載されているが、それはこうした転換の結果として「道」が、作品を年代順に鑑賞する際の視点という役割から離れて、魁夷の画業全体を象

徴するイコンとしての役割を与えられるようになったことを表している。

3　図版鑑賞が成り立つ仕組み

美術全集を構成する要素のなかで最も中心的なものは作品の図版だ。しかし図版は現実の作品を写真撮影し、さらにそれを印刷したものだから、現実の作品の大きさや画面の質感、細かな色調といったものが切り捨てられてしまう。その意味で図版は単なる記号にすぎないし、美術全集で図版を眺めるのは、現実の作品を鑑賞するのとはまったく別の経験になるということだ。しかし、美術全集の読者が鑑賞したいのは記号としての作品図版ではなく魁夷の作品そのものにほかならない。この隔たりを読者に意識されないようにしていくことは、美術全集を編集する側にとってきわめて大きな課題になる。

各ページに作品図版を一点ずつ、大きく掲載することは、美術全集における鑑賞経験を多少とも現実に近いものとする工夫のなかでももっとも典型的なものだ。また、それぞれのページには作品図版とタイトルその他の簡単なキャプションだけで、詳しい作品解説は図版の後ろに別立てでまとめられている。これにはもちろん用紙や印刷方式を内容に合わせて使い分けるという事情もあるが、作品を前面に押し立てることでなにより、美術館の展示室で作品を眺めるときのような印象を読者に与えることができる。
①から⑥のなかでは唯一⑤『アートギャラリー・ジャパン』だけが作品図版と同じページに解説を配置しているが、これはこの全集に先立って刊行され好評を博した西洋近代絵画の全集『アートギャラリー』において、「読みやすさを重視し、作品を鑑賞しながら説明を読めるというこの新しい試み」[4]が行われたことを踏襲したもので、それだけ美術全集としては異例の試みであったことが分かる。

唐招提寺の障壁画という、美術館の展示室に陳列されるタブローとは形態が異なる作品を大々的に掲載するにあたって、④『現代日本画全集』では図版ページに特別な処理を行っている。ページに巻き折りや観音折り、経本《きょうほん》折りといった折り加工を施すことによって、障壁画の横長の画面を見開きの状態で一覧できるようにしたのである。すでに③中央公論社版『日本の名画』において、唐招提寺障壁画のうち一九七五年の作「濤声《とうせい》」「山雲」の図版で観音折りが用いられていたが、④ではそれがさらに大掛かりに多用された。この巻については集英社社史の年表においても、「第一回配本『東山魁夷』の唐招提寺の障壁画が話題となる」[5]と特筆されているように、障壁画の全体像が紹介されたことに加え、こうした掲載上の工夫が注目を集めたのだろう。

折り加工が施されたことによって、読者は普通にページを繰るだけではなく、折り込まれたページを開いたり閉じたりしながら作品を眺めることになる。障壁画は襖《ふすま》を開け閉めすることによって画面が見え隠れするが、それに類似する行為を読者は本のページに対して行う。可動式の画面である障壁画の開閉の代替行為をページ上で再現することによって、ただ単調に繰ったページを眺めるだけという受動的な行為に、鑑賞に向けた読者からの積極的な関わりを誘っているのである。

4　作家・解説者・読者の関係

現実の作品とは大きく異なる作品図版を見ている美術全集の読者に対して、現実の作品を鑑賞しているような経験を与えるうえでほかに役割を担っているのは、解説者という存在だ。解説者が記す作品解説は現実の作品について記されたものであるから、読者はこの解説文を読むことによって、図版では経験できない現実の作品を鑑賞する際の印象を言葉で補うことになる。

例えば代表作「道」の作品解説をみると、①「朝の露にうるおった緑」（吉村貞司）、②「一筆一筆、積みあげるような丹念な描き方で仕上げたこの作品」（桑原住雄）、③「静かに、しっとりとした筆で描き込まれていて、深い情感をたたえ」（本間正義）、④「早朝の薄明の中に静かに息づく坦々とした一本の道」（河北倫明）、⑤「丘の上の空を少し明るく、遠くの道をやや右上がりに画面の外へ消えていくように描く」（岩崎吉一）、⑥「周囲の深々とした草原はしっとりとした潤いに満ち、低く横たわる空は、地平線と触れ合う辺り、鈍い光を放っている。（中略）夏の早朝を思わせるいかにも清澄な世界である」（尾崎正明）などのように、いずれの解説者も筆触による画面の質感など、写真図版では再現されないものについて言葉で伝えている。

こうした解説を読んだ上で作品図版を見直すことによって、読者は現実の作品を鑑賞する経験を追体験する。つまり、現実の作品の印象を語る解説者は、美術全集において読者の鑑賞行為の代理人なのである。こうした造本上の工夫や解説文のはたらきによって、記号にすぎない写真図版を眺めることが現実の作品鑑賞に類似する行為として読者に提供されることになる。

とはいえ、場合によっては解説の内容がこうした関係を突き崩してしまうこともある。③中央公論社版『日本の名画』では立原正秋《たちはらまさあき》が魁夷の作品について文章を寄せているが、そのなかで唐招提寺障壁画の「濤声」「山雲」について、「この作品は高島屋でみたときは照明の関係で色がよく判らなかったが、御影堂のなかで再会したときは、おさまるべき場所におさまった感じで、やはりいい色だった」と記している。作品の印象が展示される空間によって大きく異なること、「おさまるべき場所」で見ることではじめて作品の魅力が発揮されることを語ったこの発言によって、印刷された写真図版で作品を鑑賞することの不自然さが暴露されているのである。美術全集は、印刷した写真図版によって作品を見ることに鑑賞行為としての価値を認めるという前提で成り立っているが、一方で解説は現実の作品を直接に鑑賞することの意義を強調することで、美術全集の成立基盤を揺るがす要素にもなっている。

このように解説者の存在は美術全集において重要な役割を担っているが、その解説の支えとなりながら、また解説を規定してもいるのが、作家自身の言葉である。①から⑥のいずれの美術全集においても、作品解説では魁夷がその著作のなかで作品について語った言葉や制作にあたってのエピソードが、直接・間接に援用されている。

例えば②『現代日本の美術』では桑原住雄による作品解説のなかで、「……と作者は回想している」「こう作者が語っているように……」「作者の説明を聞こう」というように、ほとんどの作品の解説に魁夷の著作の一節が引用されている。作品の風景画としての特徴や表現上の要点を解説者が説明するにあたって、魁夷自身の発言、描いた風景それ自体に対する叙述や、その風景に対して魁夷が抱いた印象が根拠に用いられているのである。さらに⑥『現代の日本画』になると、作品図版の余白に魁夷の言葉が掲載されている。これによって読者はつねに魁夷の言葉を手引きにして作品を眺めることになる。

作品解説にとどまらず、作家解説でも作家自身の言葉は節目節目で用いられる。「私は生かされている。野の草と同じである。路傍の小石とも同じである。……」という著作『風景との対話』に収められた魁夷の言葉は、①講談社版『日本の名画』では図版に先立って巻頭に緒言として掲載され、また②『現代日本の美術』や③中央公論社版『日本の名画』、④『現代日本画全集』の作家解説では魁夷を理解するうえでの決定的な発言として引用されている。

このように解説において作家の著作は絶対的な権威をもつ聖典であり、解説者は読者の代理人としての直接鑑賞者であるとともに、作家の言葉を読者に伝える語り手、いわば一種の預言者の役割を担っている。作品の真の意味は作家こそが知っており、それを推しはかることが作品を理解することであるという作家至上主義的な前提が、こうした解説を形成しているのである。

5　美術全集が示す東山魁夷のイメージ

それでは、そのように解説の内容を規定している作家、東山魁夷を美術全集はどのような姿で描き出しているのだろうか。まず作品解説や作家解説を読む限りでは、魁夷は風景を描くことに並々ならぬ熱意をもち、それを一筋に追究する人物として描かれる。①から⑥のいずれの全集においても風景画家として魁夷を位置づける契機として重要視している作品が「残照」であることは一致している。「残照」はその画面上の表現のほかに、作品誕生にまつわるエピソードが語られるという点でも一致が見られる。

ただし、作品制作のきっかけとなった魁夷の風景体験については、②『現代日本の美術』や③中央公論社版『日本の名画』、⑤『アートギャラリー・ジャパン』の作家解説が、「残照」の直接的な題材となった千葉県の鹿野山《かのうざん》山頂からの眺望の体験を取り上げているのに対し、①講談社版『日本の名画』や④『現代日本画全集』の作家解説では一九四五（昭和二〇）年に魁夷が召集された後に配属された熊本での、熊本城の天守閣跡からの眺望体験が決定的なものとして扱われている。なかには⑥『現代の日本画』の作家解説のように、両方の体験を併記しているものもある。どちらの体験を強調するにせよ、この時点での体験が魁夷の言葉に基づいて「風景開眼《ふうけいかいげん》」と呼ばれていることは共通している。「風景開眼」は魁夷の風景画家としての活動の始まりを形容する常套《じょうとう》的なキーワードになっているのである。

ここで「開眼」という仏教的な用語が決まって使われているように、魁夷の姿を描き出すにあたっては仏教的なイメージを喚起する言い回しが頻繁に用いられる。⑤『アートギャラリー・ジャパン』では魁夷の言葉から転用した「祈りの絵画」という語句がテーマに掲げられ、解説の岩崎吉一による評伝には、「厳しい精神性の果てに生まれた慈しみの絵画」という副題が付されている。魁夷をあたかも一種の画僧のような人物として提示することが繰り返し行われるのである。

また、先に取り上げた「私は生かされている」という魁夷自身の言葉に関連して、魁夷が超越的な存在の恩恵を受けているような表現も数多く見つけることができる。①講談社版『日本の名画』での吉村貞司による作家解説では仏教的な形容はほとんど見られないが、②『現代日本の美術』の桑原住雄による作品解説では「風景開眼とは、とりもなおさず魁夷自身の他力開眼なのであり、したがって、それに基づく芸術開眼にほかならない」「魁夷が、生かされているという宿命、生かされているという認識のうえにあって、精一杯、生きたいと請い願うと語ったのは、彼がすでに大乗のなかに腰を据えていることを私たちに教えてくれる」というように、魁夷の画業に人間を超えた普遍的、必然的な力が関わっていることを暗示する表現が多用され、以後こうした形容は、「一期《いちご》一会《いちえ》」「悟後の修」「自然と自己との交わりと合一」などのように、魁夷を解説する際の標準的な語り口になっていく。

一方で、魁夷の姿を代表的な日本人として描き出すような解説も多く見られ、そこでは魁夷が読者と共通する美意識を持っていることが強調される。例えば②『現代日本の美術』では、「魁夷の世界が多くの日本人に好まれているということは、彼の仕事が日本人の美意識の平均値のようなものを持っていることを証明している」、③中央公論社版『日本の名画』では、「その爽やかな風景画は美しい景観に恵まれ、四季の変化に富む山河こそ生活と切り離せぬ生命であり、神であると観じてきた日本人の自然観に、サラリ美人（引用者註――黒田清輝『湖畔』を指す）に覚えたと同じような共感を与えずにはおくまい」という具合にだ。このように魁夷を典型的な日本人として描くことに関連して、④『現代日本画全集』の解説では、自分が特殊な人間ではない一般人であり、才能がある方ではないという魁夷自身の発言を用いて、魁夷の非特殊性や非天才性を強調しているのである。

ただし、こうした強調は作家解説の形式のなかではほとんどの場合、それに続けて作家の非凡さを強調する記述へと展開していくことになる。④でもこの強調の後で、「しからば、生活感情がそういう万人の基盤と同じところに立脚していさえいれば、誰でも東山芸術のような魅力ある仕事ができるか、となると、これはそうはいかないに決っている。やはり、芸術家として、よほど秀れていなければ、この万人を誘いこむような深々とした美世界を築きあげることは、とても駄目であろう」というように、一般的な資質を持ちながら傑出した仕事を成し遂げたことを根拠として、魁夷の非凡さをもたらした固有の要因の探索へと進んでいる。そうした探索の結果として、作家解説ではつねに魁夷の境遇が特段の苦労や困難をともなった過程として描かれたうえで、それを克服したことが魁夷の芸術性の裏打ちとして語られるのである。

美術全集を点検して気づくのは、魁夷の非凡なさまが、解説文の言葉でもって直接的に語られる以上に、作家解説のページに配置されるポートレート写真を通して、視覚的な印象として読者に示されていることである。作家解説の文章によらず写真だけを頼りに魁夷の印象を受け止めようとすると、そこに表れてくる魁夷という人は、国内外の各地を自在に旅行してまわり、広く洗練されたアトリエで制作に取り組み、自邸の茶室で夫人と茶事をたしなみ、室内に備えられたボート漕ぎのマシンでトレーニングに励み、唐招提寺の森本孝順《もりもときょうじゅん》長老や川端康成など各界の著名人と親しく付き合い、皇居の宮殿ではリフトに乗って巨大な壁画を制作し、ドイツや中国など世界で賞賛を受ける、公私ともに成功と栄光とを享受する英雄的な人物にほかならない。

美術全集では、一般人のスナップ写真ならばごく当たり前に見られる、作家のぼけっとした表情やうかれてポーズをとっている姿、遊びに夢中になっている様子などは決して示さない。また、画業の状況を説明するうえでは外すことのできない画商との関係や暮らしぶりなども具体的に示すことはない。人生を構成する日常生活の細部をことごとく捨象することによって、純粋な作家としての姿だけを強調しているのである。

おわりに

このように美術全集という出版物では、印刷された写真図版によって作品を鑑賞するという行為がはらむ本来的な問題が隠蔽《いんぺい》されるとともに、主題である作家の特殊性、特権性をことあるごとに強調するような構造が用いられている。作為という言葉には虚偽をたくらむようなニュアンスがともなっているが、編集上の作為については、必ずしも編集する側がその意味や効果を意識している場合だけではないだろう。編集上の作業によって作品の位置づけや作家の像がいったん成立すると、それを資料にして新たな美術全集が制作されることによって、それが補強され、固定化していくこともある。

例えば③中央公論社版『日本の名画』に収められた一文で、立原正秋は②『現代日本の美術』に収められた桑原住雄の編になる魁夷の年譜を参照したことを明記している。一つの美術全集は、次に制作される美術全集の編集上の拠り所となっていくのである。新たに魁夷の巻を編集する者にとって、先行する既存の全集で提示された魁夷像はもはや編集上の作為の産物ではなく、自然で当たり前のものとして受け止められているのである。

私たちが魁夷に対して抱くイメージは、魁夷の全集が新たに編集されるたびに再生産され、それによって強化されていく。作家像の形成に関わる作為を自然化していく機能が美術全集にはあるのである。

註

（1）『日本人が最も愛した画家――東山魁夷』〈別冊太陽　日本のこころ〉一五一号、平凡社、二〇〇八年）

（2）例えば、日本美術史における石器の位置づけの変化を美術全集の比較をとおして論じたものに、木下直之「日本美術の始まり」（東京国立文化財研究所編『語る現在、語られる過去――日本の美術史学一〇〇年』平凡社、一九九九年、二九二～三〇三ページ）がある。

（3）学校教育などの社会的な制度をとおした作品の価値づけのはたらきについては文学作品を例にして、ジョン・ギロリー「正典」（F・レントリッキア／Th・マクラフリン編、大橋洋一ほか訳『現代批評理論――二二の基本概念』平凡社、一九九四年、四九三～五二三ページ）で論じられている。

（4）『集英社七〇年の歴史』（集英社、一九九七年、一六三ページ）

（5）同、三六五ページ。

第2部

書籍の装釘の話

内田魯庵

(1) 読むばかりが愛書家でない

新刊旧刊共に近年は市場に著しい活気を呈している。流行といっては語弊があるかも知れぬが、流行という語が適切であるほど新刊は簇出《そうしゅつ》し、旧刊は貴重品扱いされている。書籍の雑誌だけでも十数種を数える。中には相当金を掛けた贅沢《ぜいたく》な道楽雑誌もある。西洋では更にそれ以上で、英米仏独ドコでも書籍に関する新著がこの頃頻出する。書籍を読む時間の余裕も新刊旧刊眼に触れるものを買う富力もない我々はせめて目録でも目を通し書籍に関するゴシップでも漁《あさ》ろうと思うが、それすらも容易でない。

一体書物は読むものか、見るものか。昔から「積んどく」先生といって読むべきものと定まってる書物を読まずに積んで置くのを嘲《あざけ》っている。が、読むためよりは見るためあるいは飾って置くための書物は昔から多い。日本の書物中の最貴重品となっている本願寺の『三十六人集』が読むためばかりに作られたのでないのは一見明らかである。いわゆる古筆の残簡中には、雲上のすさみにしても、読むためばかりのものとしては料紙のあまりに贅沢に過ぐるものがある。もっとも日本ばかりでなく、支那でも朝鮮でも西洋でも筆写時代の書冊は貴族でなければ得られなかった。読書そのことが貴族でなければ楽しめない高級な閑適《かんてき》であったから、自然書物は書院を飾る器具調度の一つであった。刻板が行われ読書がようやく普及しても、五色紙雲母摺《きらずり》模様光悦本のごときはやはり読むためよりは飾るためであったろう。書籍が読むためばかりでなくお座敷道具をも兼ね、あるいは全く装飾であったのは古今東西と共通している。ことにこの頃のように出版が盛んであって、アトからアトからと新著を簇出するのではいかなる迅速の読書家でも前著が終わらぬうちに後著に追い掛けられて、読書が好きなれば好きなるほど未読の書物が溜まって勢い「積んどく」先生になる。「積んどく」先生は文化隆盛時代の必然の産物であって、書物は「積んどく」ために著されたのではないが、消耗物でも腐敗物でもない書物は「積んどく」が必ずしも無益でなく、著者の本意あるいは希望を空しゅうする所以《ゆえん》でもない。書物によりては（例えばその書の複製のごときは）初めから「積んどく」ために作られた。「積んどく」が読まれる以上の飽満と満足とを与えるのである。少なくも書物に対する愛念は「積んどく」先生の方に多分に保有されるので、書物を積んどけば積んどくほどヨリ益々愛書心を深くする。「積んどく」先生がナゼ悪い？――と、そう開き直ってムキになるほどのこともないが、植物学者でないものが盆栽を捻くっても怪しまれず、剣道の達人でないものが刀剣を玩《もてあそ》んでも不思議がられないのに、書籍を愛好するものに限ってとかく愚弄《ぐろう》されて「積んどく」先生と愚慢扱いされるは奇怪千万である。私のごときはむしろ「積んどく」先生と嘲けられるを本望としているが、正直なはなし、「積んどく」先生と称されるには書斎があまり貧弱過ぎる。けれどもこの頃のように続々出版されて学校の子供までが小さな蔵書家となるのでは知識階級者の多くは大なり小なり「積んどく」先生とならざるを得なかろう。これが即ち文化である。衆愚を対手の愚書が濫刊される代わりに善書もまた出版され、折々は多数を頒布する見込みのないものが発行されるのは一に「積んどく」先生があるためであるから、その徳を感謝こそすれ、これを軽侮する理由はないのである。

(2) 装釘《そうてい》の極意

閑話休題としてこれからお話するのは書籍の漫談であって読書論でも読書法でもない。一体今までの読書というは学問をするため修身斉家治国平天下《しゅうしんせいかちこくへいてんか》のためであったから、読書論ないし読書法その物からして固苦しいしち難しいものだった。昔から小説その他肩のくつろぐ読物も相応にあったが、そういう類いの本は女わらべのオモチャで書籍の数に入れなかった。書籍といえば儒仏神道、見台に向かって伯父さんの意見でも聞くツモリで固くなって読むものだった。でなければ厚生利用の道具、鋤《すき》や鍬《くわ》のような農具、あるいは鍋釜庖丁《なべかまほうちょう》のような台所道具と同様に心得ていた。今頃そんな古めかしい書物観を持っているものはなかろうから、そういう固苦しいしち難しい読書論や読書法は孔孟の遺物であるという必要さえもなくなってる。書籍によって教えられるものは聖人の道でも、治国平天下でも、古今の真理でもまた音曲遊芸娯楽でもこれを盛ってる容器の書物に二つはないから、私は今内容に少しも触れないで、外容によって書籍の概念を与えようと思う。だが、書籍の交渉する領分はかなり広大で、文献だけでも数百冊数千冊を算する。ほんの門口しか覗《のぞ》かない我々にはお開帳の霊宝物の案内ぐらいしか勤まらないから、そのツモリで聞いてもらいましょう。

実用論から言ったら書物は読めさえすればイイ。どんな紙に、どんな印刷をされ、どんな風に綴《と》じられても構わないのだ。が、その主義から仮綴《かじとじ》の廉価版ばかり買っても、一度きりで読み捨ててしまうものは別として、保存をしようとすると、（紙や印刷は後談として）やはり仮綴ではイケナイ。固い表紙を付けた本綴でなければ保存には適さない。実用論の立場から無用に等しい装釘が耐久上存外有用な役目を勤める。書籍の装釘は唯《ただ》外観の美を飾るためばかりではない。いかに雄篇大作でも「アルス・ロンガ」(1)は堅牢なる装釘でなければ得られないのだ。

日本でもこの頃は装釘のことが専門的立場からマジメに研究され、装釘匠の専門雑誌さえ発行されている。何々画伯装釘などという空虚なおどかしに乗るものは少なくなったであろう――と思うと案外多数はマダ無理解であるらしい。単なる表紙の図案だけをして装釘全部を考案したツモリでいるのも笑止だが、これを承知で何々先生装釘と銘を打つ本屋は人を喰っている。だが、商略なら納得できるが、中には図案だけ何々先生にしてもらえばアトは製本屋任せにして差し支えないものと思ってるお目出度い本屋もある。腹の中からそう思わないでも何々先生装釘で世間を胡麻化したツモリのイイ気な本屋もある。それだからウワベだけは小利口に外国の真似をしていても肝腎《かんじん》の装釘（表紙の図案ではない）がなっていない。装釘の一番大切なのは「シメ」である。この「シメ」を完全にするには第一に綴糸《とじいと》の締め方であるが、その外に背の裏を貼る紙あるいは「キレ」の種類、これを貼る糊加減、プレスの加減が関係する。むろん技術は微妙な手先の働きにあるので熟練と経験とでなければ得られないが、この研究が足りないと、図案がどんなに勝れていても、粧飾が善尽くし美尽くしていても、肝腎の「シメ」が緩んでたちまち形が壊れたり、背が離れてしまったり、あるいは背の中が割れて飛び出したりする。書籍としては落第である。それ以外、表紙のクロースが浮いていたり波を打っていたり、(むろん肉眼ですぐ見分けられるわけではないが、)何となくブクついてる感じがしてピッタリとしないのは一つは材料の善くないためであるが、マダ研究が足りないのだ。正直に直言すると、日本の装釘はマダ成っていないので、はなはだしいのは二、三遍も読むと綴が緩んで形が崩れてしまう。中が飛び出してしまう。プレートが離れてしまう。大抵が一度読んでしまってから製本し直さなければ保存に堪えない。何々氏装釘は装釘上何の保証にもならない虚仮威《こけおど》かしの空虚な声言である。

外国における装釘の堅固な一例を挙げんに、諸君もご存じのウェブスター大字典の装釘はあの革の表紙――日本の革表紙のような脆《もろ》いものではなくて指で弾くとカンカン音がする――あの革の表紙が破れても「シメ」は緩まないと称されておる。試みに前後の表紙を大の男に持たして、左右に別れて景清《かげきよ》の錣《しころ》引び(2)き然とえいえい声を出して力一杯引っ張らしても、いっかな「シメ」は緩まない。字書の装釘は特に堅牢を主としたので普通本の例にはならぬが、日本では字書のような紙数の多いものはかえって益々製本が壊れる。少し激しく使用すると「シメ」が緩む前に表紙が取れてしまう。背が断たれてしまう。一年経つか経たないうちに製本をし直さねば使用に堪えなくなる。それには材料の精粗や機械の設備の不完全や種々の関係もあろうが、第一が技術の研究の不足である。製本工を使役する書肆《しょし》はまずこの点を顧慮しなけりゃならん。何々画伯装釘は根本の技術を完成してからの詮議《せんぎ》である。

それからこの何々画伯装釘であるが、率直に思うままを腹蔵なくいうと、装釘図案は本来別種の技術であるから画家が必ずしも装釘図案家ではない。何々画伯装釘と看板にされる画家の中にはどれほど装釘図案に造詣しているかが疑われるものもある。かつ書籍の装飾なるものは内容と調和しなければ独立した図案として勝れていても無意義である。例えば構成派や表現派の構図ではいかに意匠抜群でも江戸研究や小唄の随筆の表紙にはならないようなものだ。それ故に書籍の粧飾とするにあたってはあらかじめ内容の性質を呑み込んで置かなければならんので、図案家の見識としては著者の注文を聞くよりは自ら原稿を読んで内容に相応する独自の考案を立てなければならない。それだけの見識と用意とを示した装飾図案が果たして幾何《いくばく》あるかは実は疑問である。例えば某々作家と某々図案家のごときは伯牙《はくが》の鍾子期《しょうしき》におけるごとく(3)であったらしいから別として、ふだん何の交渉もない知らない同士の図案家が碌々《ろくろく》著書の内容も知らないで「お前はお前、俺は俺」で勝手に考案した装飾図案が内容に適応するわけがない。もっともドンナものにも向く（例えばマーブルや更紗《さらさ》のごとき）図案もあるが、こんなもので済むなら何も画家を煩わす手数に及ばないのである。いわゆる何々画伯装釘の八、九分通りはこのごとくして作られるのだから中にはあたかも浴衣の上に素袍《すおう》を着たり、友禅の上に上下《かみしも》を着けるトンチンカンをあえてして平気でいるものがある。一体著書の装釘図案は著者自らすべきが当たり前である。夢二《ゆめじ》(4)や白秋《はくしゅう》(5)の著書のごとき、出来不出来はあっても表紙の図案と内容と相一致するこころよさがあるのは著者自らするからである。

西洋でも画家が表紙の図案をする例がないではなかろう。バーヅレイ(6)とかデュラック(7)とかポガニー(8)

とかいう挿画専門画家の挿画本位の挿画本はむろん同じ画家が表紙の図案をもしている。けれどもこの場合を除いて特に何々画伯装釘と銘を打って表紙を売物の看板とする例はない。著述家としては表紙の図案が重いか、内容の本文が重いか疑わざるを得ないと思う。のみならず麗々しく何々画伯装釘と銘を打った日本の装釘に（腹蔵なくいうと）碌なものはなく、ドコの誰が意匠したとも解らない西洋の装釘に抜きん出たのがある。一概にはいわれないが特に専門図案家を煩わしたとも思われない西洋の装釘が平均して日本のよりは芸術的効果を現しておる。畢竟《ひっきょう》するに装釘の芸術的効果は専門装釘工のテクニックに待つので装飾図案家の力によるのではない。それ故に西洋では空虚な画家の名を吹聴しないで、高名な技術者を煩わした高級な装釘となるとその製作者たる装釘匠の名を表紙の裏の隅に落款《らっかん》する例はある。装釘の芸術的効果に格別の影響のない簡易な月並みの装飾図案の意匠家の名を吹聴するよりも遥かに有意義である。（ただし西洋で装釘に落款するほどの著名な装釘匠というは本屋の何百部何千部を引き受ける職人仕事をする製本屋ではないので、主として個人の好事家《こうずか》の注文をもっぱら扱う自由工芸技術者である。かつ高級装釘というは革の製本で、英吉利《イギリス》ではツェーンスドルフ[9]というが近代の名匠として知られている。このツェーンスドルフの落款のある装釘が折々英国の古書肆の目録に見えるが、この款名ある装釘は大抵高価である。）

この頃コッカーレル[10]の名が装釘論をする人たちに度々引き合いに出される。この人の『装釘及び書籍保護法』は印刷装釘第一を任ずる独逸《ドイツ》にさえも訳されてる名著である。日本にもそのうち翻訳出版されるそうだが、コッカーレルはこの簡易な製本手引草の名著があるのみならず、実際の技術家としてもまた老熟な腕前を持つ著名なエキスパートである。その外にルーバン[11]、シャンボル[12]、キーフェルというような技術家があるが、日本の装釘図案家が麗々しく名を署して作るくらいの意匠なら結構自分でやってのける教養を持っている。一体日本の製本匠はマダ工芸の教養が足りないから当然自分の領分に属する装釘意匠を書籍について格別苦労したこともない駆け出しの図案家にまでも容喙《ようかい》されるので、風呂敷や浴衣を染めると同じ心持ちでさずけられた月並みの有り合い図案や書籍の内容や性質も考えない独り合点の自分免許図案を押し付けられて装釘図案の名を独り占めされるのは装釘匠としての名誉ではない。

以上、私はあまり饒舌《じょうぜつ》し過ぎた。ありていに白状して実際の技術のことは製本屋の小僧にさえ如《し》かないシロウトのことだからあまり高慢な口は叩かれないが、某々書肆らの田舎臭い装釘を得々として自画自賛をするのを聞くと片腹痛い噴飯を禁じ得ない。これというのは公衆の装釘に対する理解が浅くて、本好きを自任するものも洋装本に対しては趣味の涵養《かんよう》が存外深くないから浅はかな高言が臆面もなく出来るのだ。

とはいうものの数年前から比べると日本の装釘も著しく進歩した。書籍に対する一般の鑑賞眼も肥えて来た。講座の一科目として余計な日本の装釘の棚卸しなどはいわずもがなであるが、装釘についての一般常識を与える手段としてはまず目前の日本の装釘を例に挙げるのが手っ取り早いからだ。無遠慮な批評が決して本旨ではないのだ。今日の装釘の進歩は数年前から比べると見違えるばかりで、書籍の装釘を低落せしめたと一部から非難される一円本でさえがこの頃は面目を改めておる。刀江書院、岡書院、岩波あたりの出版物は大体学術書であるから俗眼を喜ばす色彩には乏しいが、一見ドッシリした堅緻《けんち》の感じを与えるはすでに定評がある。ことに岡書院の装釘は百事に細心な注意が払われている。例えば近刊『満洲考古学』のごとき見えないところにまでデリケートな苦心をしている実例の一つである。

京都の新進書肆に更生閣というのがある。新村《しんむら》博士の『海表叢書』で初めて聞いた名で、中央にはマダあまり知られていないが、その装釘に出色の意匠を示している。近刊西川百子《にしかわももこ》の歌集『婦女身』はその内容が玉珊《ぎょくさん》の響きある近時の佳什《かじゅう》であるに加えてその装釘意匠が抜群である。ことに本文を四六半截《はんせつ》に組んで菊判のスクウエヤ型に印刷し、過半を空白としたのは献上本式（西洋にもある）に倣ったので、洋装本としては初めての清新味を喫せしめる。

日本はマダ洋装本に対する鑑賞眼が低いと思ってると、こういう思いの外なる清新味を喫せしめる装釘が発行される。由来関西の趣味は低級であるというが一般の定評であったが、書籍に対しては近来著しく向上して、神戸のグローリヤ・ソサイエチー(13)の書籍文化の運動のごとき中央都会児として顔色なからしめる。

(3)　装釘の各種

ところでいよいよ本題の装釘に入るとして、本綴と仮綴の二種類あるは改めていうまでもないが、仮綴に二種ある。糸「かがり」と針金留の二つであって、針金留はとかく紙を毀損《きそん》し易く、長き間には錆《さび》を生ずる憂いがある。その上に本綴に直す場合は針金の穴を残す欠点がある。それ故に西洋では雑誌でも永久に改装保存すべき高級の雑誌は決して針金を用いない。大抵のパンフレットが、わずか二、三十頁の薄っぺらのものでも糸「かがり」にして針金を用いないのが普通である。日本では雑誌は年四回《クオーターリー》の最高級の『東洋学報』のごときですらも針金綴とするのが普通となっている。糸かがりにするは『民族』ぐらいなもので日本一の高踏雑誌たる『書物の趣味』のごときでさえ千慮の一失で創刊号を針金留としたのを第二号で陳謝して糸「かがり」に改めておる。はなはだしきは五、六百頁の増刊号をさえ平気で針金綴としておる。装釘に対する理解のないのはこれをもっても証せらる。

仮綴本の表紙は中味よりやや厚地の紙を被せただけである。が、中にはボッテリした羅紗《らしゃ》紙ようの厚紙をやや幅広に断って紙端を折込み、あるいは「ベラム」のような強靭《きょうじん》な紙を三方から折って一番上の紙を包んだのもある。同じ仮綴本でもこの種のものは用紙や図案に凝るからすこぶる趣味の深いものがある。私の所蔵本でもクレイグ[14]の『舞台芸術』(クレイグの同題のものは二種ある。その最初の一九〇五年のフーリス版)、レエリヒ[15]の『タラチキノの農民芸術』、クローゾの『黒人芸術』のごときはいずれも仮綴本だから架上に建てるには不便であるが、表紙を取ってしまえば価値の一半を失う。用紙の面白味は実物を示さなければ図解のしようもないが、なまなかのクロースよりも遥かにました雅味がある。(むろん価も普通のクロースより高価であろうが。)

仏蘭西《フランス》の本が通例卵黄色の紙表紙の仮綴であるのは誰も知ってるが、これについて仏蘭西人は倹約だから少しでも安い仮綴を喜ぶのだと今でもいう人がある。が、そうばかりでもないので、それよりは仏蘭西では愛書家になると発行書肆の装釘では満足しないで自分の意匠で改装し、中には家紋を表紙に入れて蔵書を統一する習慣があるからその便利を計って仮綴として置くのである。日本ではマダ個人を対手としての製本業が発達しないで、市中の製本屋は講義録や雑誌の合本ばかりしているから、個人の註文では書肆の売本以上の装釘は到底思いも寄らないだろう。が、西洋では高級の装釘となると書肆の大部数よりは個人の小部数をもっぱらとし、それぞれ材料が常に豊富に準備されて普通の売本としては到底算盤《そろばん》の取れない贅沢な装釘をする。仏蘭西や独逸の著名な製本工場には出来合いの装釘見本帖が出来ている。出来合いだからそれほど高級というではないが、それでも材料といい意匠といい到底日本では思いも寄らない立派な表紙が文字を入れるばかりに出来ている。かつ文字も種々異なった書体や装飾界線やカットの金属版がひと通り揃《そろ》えられている。普通の活字ですらが五号か二号の普通字しか用意されないで、変わった号数の註文が出ると近所の印刷工場へ駆け付ける日本の製本屋とは一緒にならない。そういう材料も豊富なら設備も完全し、意匠も技術も抜群に勝れてる高等装釘匠があればこそ本屋の意匠にあきたらないで普通の売本以上の装釘を希望する欲望が満足されるので、かかる場合の便利をおもんぱかって仮綴である。売価の低廉を欲するシミッたれた理由にもとづく仮綴では決してないのだ。

そこで今度は表紙であるが、前記するごとく仮綴本というと薄ッぺらの紙を上へ載せるだけであるが、本綴となると別に固い表紙（フレキシブルの軟らかいのもあるが、）を調製して糸「かがり」をした仮綴の中味に取り付けねばならない。俗に「ペーパー・ボールド」と称するは仮綴の薄い表紙に板紙の裏をつけ、中味と一緒に周囲を裁ち落としたので、本綴と仮綴の中間の一番簡易な実用向きの製本である。が、外観は「ペーパー・ボールド」はやはり一時的の仮表紙だからやはり持久には堪えられない。ことに厚冊は背を鞏固《きょうこ》にして開きを自由にしておかないと繙閲《はんえつ》に不便である。技術上のところはイイ加減にして専門家に譲るとして表紙を被覆する包装の材料の種別である。大別して(1)紙、(2)布地、(3)革の三種とし、それ以外三者のいずれにも属さない金属とか、樹皮とか、経木《きょうぎ》とか、種々のものを加工して用ゆるから、その種類はほとんど数限りがないが、大別して(1)紙、(2)布地、(3)革の三類に総括する。

(1) 紙は前記の「ペーパー・ボールド」と同様、本来一番簡易な装釘である。日本のいわゆる赤本と同格の石版絵表紙の二シリング小説はすなわちこれである。廉価第一を主とする大衆小説や一時的の際物《きわもの》はこの紙の包装に限られる。が、ひと口に紙表装というと間に合わせのお粗末に聞こえるが、この頃は包装に応用する紙の種類もふえ、ことに日本支那等の東洋紙を用ゆるので、強靱の程度においてもなまなかのクロースよりもまさってすこぶる珍重される。日本で一時夢二に応用された千代紙表紙に似た色彩の華やかなものや、あるいは小紋のような渋い模様や、あるいはラッグからでも脱化したらしい東洋風の放胆な図案の紙の表紙が西洋でも大分流行っている。再生の東洋風は東洋人が見てもエキゾチックの感じがして惹き付けられる。日本の鳥の子紙は紙質が強靱であるため最上の印刷紙として使用されているが、表紙にもまた用いられて擬羊皮紙として珍重される。紙というと安っぽい感じがあるが、近年はかえって反対に上品で雅致の深いものとしてもてはやされてきた。もちろん価もクロースなどより高価であるのが一般にも解ってきた。（マダあまり広くは行われないが、支那朝鮮あたりの紙もポツポツ装釘に用いられてきた。ただ東洋の製紙は小工業で多量の需要には応ぜられず、普通の売本には少し高価過ぎるが、支那の古色紙、蔵経紙、紋蠟箋《もんろうせん》などは最も装釘に適している。少し捻り過ぎ渋過ぎてるが、朝鮮の温突《オンドル》の床に敷く紙などは紙質も強いし、薄く剝いで使用したらすこぶる面白いと思う。）

(2) 布地。仮に布地と総称するが、地質によって区分すればクロース、リネン、シルクの三種である。そのうち、クロースは一番普通に需要されるので、クロースの名は洋本に縁の薄い僻遠《へきえん》の村夫子《そんぷうし》にすらも諳《そら》んぜられ、今日ではほとんど日本語として通用するようになっている。が、クロースは多種類あって普通の斜綾、布目、平目、砂目のほかにひと頃流行った独逸クロースやバックラム[16]やカンヴァスや洋服の芯にするダック[17]までも包有するから種類はすこぶる多い。（むろん厳密にいえば地質が違うので、西洋ではクロースとバックラムとダックとは区分するが、日本では皆クロースの中に一括されておる。）

日本では近年国産品をなにくれとなく装釘に応用する。例えば河内木綿、キャラコ、ガス[18]（ガス糸）、富士絹、絹緞《けんどん》、斜子《ななこ》、繻子《しゅす》、シケ絹、葛《くず》、芭蕉布、その他従来から表装に用いられた類は応用して意外な芸術的効果を現す。西洋にもスコットランドの「タアタン」のような特殊な織物を応用した例がないではないが、この派は郷土的好事であって一般的の趣味ではない。日本にはクロースの上等物があまり輸入されていないが、その代わりに装釘に適する国産の織物が近年しきりに用いられる。クロースほどの落ち着きがないが、中には意外な芸術気分を出しているのもある。ただ元来が装釘用として製出されたのでないから絹類のほかは地質が厚くてピッタリとしない。この点に遺憾がある。一体に日本の装釘はプレスが足りない感じがあるが、ことに日本の織物を用いた表紙には一層その感じがある。

(3) 革。一番堅牢でドッシリした感じのするは革である。かつ加工が最も難しくて専門の技術を要する。欧羅巴《ヨーロッパ》で装釘匠の巧妙を現すのは革の装釘で、前記したツェーンスドルフとかコッカーレルとかいう知名の装釘匠がその名を高くしたは皆この革の装釘である。

ところでこの革の鑑別はなかなか容易でない。ひと口にロシヤとかモロッコとかいうが、ロシヤはスベスベする感じがする革、モロッコは軟らかい感じのする革と早呑み込みするが、ロシヤにもモロッコにも種類があってそう簡単には区別できない。正直なはなし、私にはマダ判然と革が解らない。本屋の目録に載ってる名称はイイ加減であまりアテにならない。例えばシールすなわち海豹《あざらし》の革というはコダックの写真機を包む革であるが、ホントウの海豹《シール》だと革だけが十円も二十円もするからヘタな写真機ではホン物は使われない。この総革で包むと菊判の大きさで二十円以上もするから大抵が背にしか使っていない。(むろん日本ではこの革は得られない。)質が極めて緻密で、触覚が軟らかく撫摩するに従って光沢を増す気持のいい革だ。革の中の錦紗という手触りである。

海豹《シール》には限らないが、すべて革は歳月を経るに従って味わいの出るものだ。かつ染色が難しいので、黒ければたちまち赤茶けるし、青ければすぐ白ばくれるし、不愉快な色になる。かつ表皮が剝離し易く、ささくれ立ちてじき破れる。堅硬であるべきはずなのが意外に脆く破れる。日本の背革がとかくに変色したり破れたりするは下級品を使用するからである。

（近来レザー・クロースというのが来た。今までの擬革紙のように安ッぽくなく、かつ巧みに出来ていてちょっと欺されるが、手に取ると革の触覚がなく、かつ何となく革の深味がない。ことに加工が困難だそうで、ツーリングが極めて不手際である。その上に質が弱くて爪の尖《さき》でもすぐ傷がつくし破れもする。一円本でなくとも一円や二円の本の背革は大抵このレザー・クロースである。もっとも一円や二円の本にホントウの革が使えると本屋の広告を真に受けるのはあまりお目出度過ぎる。）

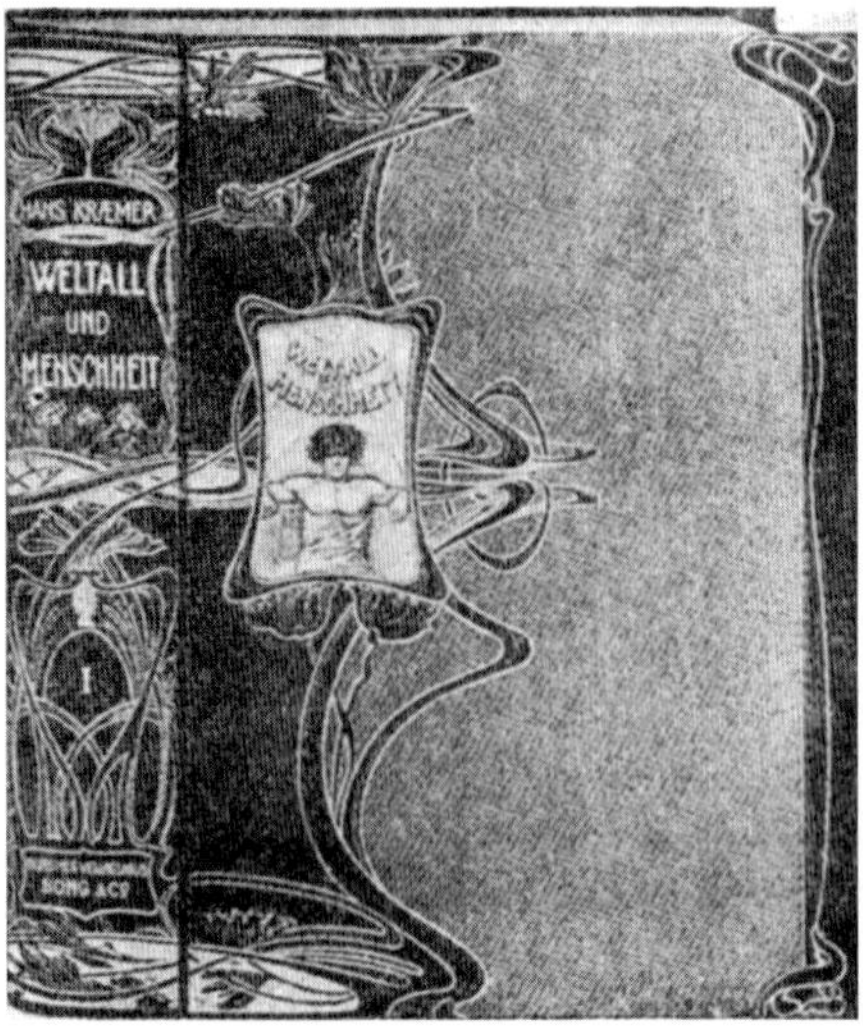

「ウェルタール・ウント・メンシハイト」

そこでこの革の装釘であるが、テクニックのことは我々には解らぬが技術の困難はひと通りでないそうだ。ここにかかぐるクレニマーの『ウェルタール・ウント・メンシハイト』は独逸の優秀なる技術を示した典型的標本となっている。図で示すごとく表紙（淡緑クロース）の端と背が革であるが、その境目の放胆なる線をクロースへ切り込ましたツーリングの鮮やかなるに加えて中央に薄肉銅版のパネルを嵌《は》め込《こ》んだ意匠と技術とはクロースの緑と革の黒と銅の色の配合の美を伴うてすこぶる近代的である。この複雑した装釘が個人の贅沢な注文でなくて普通の売本であるから独逸の装釘芸術の進歩と装釘趣味の普遍とは想像すべきである。

近代装釘の最高芸術と称されるは「レザー・モザイック」すなわち革象眼である。革象眼は日本でも袋物に応用するが、前にいうごとく日本人は革を薄く削《そ》ぐ細工に長じないから接目《はぎめ》が高くなって仕上げが拙《つたな》い。欧州人のは種々の革を細かに接《は》ぎ合わしてもまるで鉋《かんな》でも掛けたかと思うように平らにピッタリとしている。かつ革の張り方が極めて巧緻であるのみならず、巧みに染革の張り分けで色彩を按排《あんばい》し、近代的の図案を応用する。ラルフ・ランドルフ・アダムスの『ドブソン詩集』の装釘のごときは近代的図案を応用した適例の一つで、近代の典型的装釘として各書籍雑誌に着彩版で挿図された。日本にはマダこういう贅沢な装釘は来ていないが、幸い東洋文庫に優秀なるこの装釘の標本二本が収められている。すなわちこの頃同文庫から影印が出版された『ドチリナ・キリシタン』とその姉妹巻『フキロソフォルム・フロリブス』の装釘である。前者は天草版、後者は長崎版の切支丹本で、二つながらサトウの書誌[19]に洩れた耶蘇会《やそかい》版としてあまり有名であるために、近年改装されたらしい。装釘についてはほとんど顧みられないで誰にも噂だもされない。むろん、この改装の意匠は本書の内容には相応《ふさわ》しからぬ遺憾はあるが、それはそれとして、極めて精緻な技巧を尽くしたもので、その内面すなわち見返しの意匠といい、総モロッコ革の外函といい、日本には稀な芸術的装釘である。(こ

“Floribus Philosophorum” の革モザイクの表紙（東洋文庫所蔵）

の姉妹巻の『ドチリナ・キリシタン』の表紙図案は同文庫近刊『吉利支丹教義の研究』の口絵となっている。）

以上、(1)紙、(2)布地、(3)革のほか、全く実用と離れた美術装釘としては刺繍《ししゅう》、鼈甲《べっこう》、牙彫《げちょう》、金工、七宝《しっぽう》、ミニチュア、宝石細工等がある。印度のチーク彫、象眼入りローズウードのごときもまた装釘に応用されるという。そのうちビザンチンの金属薄板のレリーフの表紙は当時の羅馬《ローマ》法王の威権の大なるを語る豪奢《ごうしゃ》の限りを証するものであるが、それ以後これを企てるものだにないは、ちょうど我が厳島の平家納経が続くものがないのと同様である。

十四、五世紀頃から始まって今もなお試みられる仏蘭西（ばかりではないが、仏蘭西が一番巧みだと称されてる）の刺繍表紙または織紋表紙がある。刺繍が全部手工に成る高価なものであるはいわずともだが、織ったものでもゴブランのような贅沢な裂《きれ》を使用したのがある。日本でも刺繡や金襴緞子《きんらんどんす》を表紙に応用した例はあるが、多くは装束裂の端を使用したので、特にその目的のために刺繡されあるいは機織されたのではない。例えばまた、審美書院や国華社から発行された美術図録に限らずドコのでも緞子や繻珍《しゅちん》の類は大抵数が揃わないから特に織らせるが、書物という観念がないから題簽《だいせん》その他書物を織出さした例はない。特にその書物にのみ限られた刺繡や織物で、何にでも流行されるという出来合い同様のものではない。（十数年前に隆文館から発行された博物館の美術略史の一等の特製もすこぶる絢爛《けんらん》を極めた天平《てんぴょう》模様の刺繡であったが、惜しいかな、その用意に欠けていたから、刺繡が全然手工に成る機械的製織でないのは解っていても何だか出来合いの刺繡を応用したらしく見える。）

だが、最も豪奢の限りを尽くしたのは宝石装釘である。装釘もここまで昂じると読むためよりは飾るため、飾るためよりも富貴を傲《おご》るためだといいたい気がする。アルスの前身の阿蘭陀《オランダ》書房からかつて白秋のある詩集の宝石装釘の特装本を五部とか十部とか作ると予告されたことがあったが、ここに図解するは十数年前倫敦《ロンドン》のサザラン会社が特に作製した数種の宝石装釘の中の一つの『オマル・カイヤム』である。深紅色のモロッコ革の地に革象眼で孔雀を現し、羽毛の三十一眼に緑玉《エメラルド》と縞瑪瑙《しまめのう》を交互に篏入《かんにゅう》し、毛冠に七顆《か》の真珠をちりばめたというのだからチカチカ耀《かがや》いて眩《まぶ》しいばかりであったは想像の限りである。豪奢もここに到ると極まっている。この宝石装釘は一番宝石の数の少ないものでも六百円である。数顆のダイヤモンドを篏入した失楽園のごときは二千円足らずであった。先年倫敦のソーセビー会社の売立に出たリブリ蒐集の中の宝石装釘は五冊四万弗《ドル》で落札した。ヴァチカン

「オマル・カイヤム」

宮にはビザンチン式浮彫聖図に宝石を嵌入した中世紀の経典が十数部あるが、中にはあたかもビーヅの刺繍のようにほとんど全面を宝石でうずめたのもある。時価に見積もったら恐らく百万円以上のものであろう。

だが、宝石装釘は王公富豪でなければ出来ない豪奢であるが、格別面白味のあるものではない。もっともヴァチカン宮のビザンチン式宝石装釘は浮彫に勝れた作があり、かつ歴史的に貴いものもあるので、宝石ばかりの価で評価されべきものではないがこうなると贅沢もあまり飛び離れてしまって我々の世界のものでなくなる。日本の厳島の平家納経のごときも絢爛の極を尽くしたものだが、ヴァチカンのビザンチン式聖書の装釘に比べるといささか瞠着する感がある。

こういう豪奢をほかにしてマダ各種の物好きな装釘、例えば人間の皮で装釘した書物が世界に何巻かあるが、こんなはなしをしたら際限がない。以上略説した装釘材料の種別を看易いように、ひと纏めとしてここに掲げる。

（一）モロッコ革
　a　レヴァント・モロッコ
　b　仏蘭西モロッコ
　c　希臘《ギリシア》モロッコ
　d　波斯《ペルシア》モロッコ

（二）露西亜革――亜米利加ロシヤ

（三）犢《こうし》革
　a　西班牙《スペイン》犢革
　b　モロッコ犢革
　c　Tree Calf（樹幹に等しい地紋を現した皮）

（四）土耳古《トルコ》革

（五）豚革

（六）羊革――ロウン――キッド

（七）海豹《シール》革

（八）クロース、バックラム

（九）木綿、麻、葛布、芭蕉布

（十）絹、斜子、絹緞、シケ絹、富士絹、繻子、天鵞絨《ビロード》、紋織

（十一）紙（鳥子紙、千代紙、表具紙、支那紙、朝鮮紙）

（十二）羊皮紙（ベラム―パーチメント）

（十三）板（あるいは板張）――樹皮

（十四）金属薄板（アルミニューム）――ビザンチン式薄板浮彫《レリーフ》

（十五）象牙板または象牙半肉浮彫

（十六）鼈甲板

（十七）エナメル

（十八）刺繡（あるいは書名織出し模様）

（十九）革象眼

（二十）宝石装釘

以上はすでに略説した通り、品質の高下精粗はあれ、そう変わった装釘というではない。刺繡、革象眼、宝石篏入を除いてはそう高価な装釘というではない。ビザンチン式金属または象牙浮彫を除いては特に専門的技術を要するというものではない。かつ今日の工業の進歩をもってすれば象牙、鼈甲、エナメルはセルロイドを代用し、金属加工を要するものはメタリコンを応用すればかえって案外低廉にかつ簡易に手際よく仕上げられる。必ずしも高価な面倒なものではない。

物好きな変わった趣味をいえば猫の皮は三味線でも想像される通りの高雅のもので、ボールの芯を入れない軟表紙とし、革紐で上下二ヶ所、あるいは中一ヶ所を括《くく》る中世紀式の装釘とすれば極めて雅味がある。（犬の皮もまたほとんど同じである。）蛇の皮もよく晒《さら》して用ゆる時は地紋が極めて面白く、薄くニスを塗れば光沢が出て極めて美しい。すべて皮という皮は装釘に応用されないことはないが、変わったものは数が揃わない。が、二冊や三冊なら随分変わった物好きが出来る。少し変わり過ぎた物好きだが、ある人が毛皮の装釘を思いつき、土竜《もぐら》の毛が柔らかで短いから適当であると考えて、一枚では足りないから二、三匹欲しいと、土竜の土を起こしたあとを掘り返しては土竜狩りをしていたことがあった。実際にそのツモリがあったか、それとも酔興《すいきょう》の与太であったか知らぬが、毛皮の表紙は人を喰ってる。熊の皮の胴服でも着て藤蔓《ふじづる》で結わえた黒木の机にでもむかって読むエスキモー式装釘である。だが天鵞絨やリンプ・レザーよりも土竜の毛皮の方が手触りがイイかも知れない。

　日本では経師屋《きょうじや》はなかなか進歩し、表装展覧会も度々催され、数ある表具師の中には一廉《ひとかど》の芸術家もあるが、製本師の方は日本の固有の製本術は（シロウトにも出来そうであって実はなかなか難しいデリケートな技巧が）亡びかかってるし、洋綴本はわずかに近年ようやく目が開いて来たばかりだ。道楽に凝った装釘をして見ようと思う洋本趣味家もマダないし、欲得を離れて腕一杯を見せようという篤志な芸術家気質もない。が、西洋では装釘が愛書の道楽の一要素となっている。

　愛書の要素中には装釘以外タイポグラフキー、デティケーション（献詞）、「アッソシエーション・ブック」、「第一版」等がある。ことに邦人がマダあまり神経を尖らせないタイポグラフキーについては語るべきものが色々あるが、今度は装釘だけでまたこの次の機会に譲ろう。余計の饒舌をして肝腎のことで言いもらしたこともあるが、これもまた後日に譲る。

（『アルス文化大講座』第一二巻所収、アルス、昭和三年一一月）

註

（1） ギリシアの哲学者セネカによる「人生の短さについて」の冒頭で、偉大な医家の発言（ヒッポクラーテス「箴言《しんげん》」）として「生は短く術は永し（ars longa vita brevis）」が引かれている（『人生の短さについて』茂手木元蔵訳、岩波文庫、一九八〇年）。

（2） 『平家物語』一一巻「弓流《ゆみながし》」から。屋島の戦いのおり、平景清が源氏のみおの屋の十郎と甲《かぶと》の錣（甲の鉢の左右から後方に垂らし、頸を覆うもの）を引きあい、これを引きちぎった。

（3） 知己の死を嘆く。中国春秋時代の琴の名手伯牙は、知己の鍾子期が死ぬと自分の琴を真に理解する者がいなくなったことを嘆き、琴の糸を断ち、二度と琴を奏でなかった（『列子』）。

（4） 竹久夢二（一八八四～一九三四）

（5） 北原白秋（一八八五～一九四二）

（6） オーブリー・ビアズリー（Aubrey Beardsley 1872–98）。挿絵画家。

（7） エドマンド・デュラック（Edmund Dulac 1882–1953）。アーラー・ラッカムとともに、イギリスのヴィクトリア時代を代表する挿絵画家。

（8） ウイリー・ポガニー（Willy Pogany 1882–1955）。ハンガリー生まれでアメリカに渡った画家、舞台美術家。『金のニワトリ』（E・ポガニー文、W・ポガニー絵、光吉夏弥訳、岩波書店、一九八七年）がある。

（9）ツェーンスドルフ製本工房（イギリス）。ハンガリー生まれの製本師 Joseph Zaehnsdorf（1816–86）は、一八三七年以降ロンドンに渡り、四二年には製本工房を設立。一九世紀末には、息子 Joseph William Zaehnsdorf（1853–1930）がイギリスにおける最も卓越した製本師の一人といわれるに至った。

（10）ゴードン・コッカーレル出版（Golden Cockerel Press）。当初（一九二〇年）Harold Taylor によってバークシャーに設立されたが、その後、Robert Gibbings に引き継がれ、一九二四年にロンドンに移ったイギリスの代表的な私家版発行元の一つ。

（11）P・ルーバン（P. Ruban）。パリの製本師。

（12）シャンボル製本工房（Chambolle-Duru）。Rune-Victor Chambolle（1834–98）と Hippolite Duru（?–1884）により、フランス一九世紀のパリで活躍した。

（13）Grolier Sociery. 一九二七年頃、伊藤長蔵らによって神戸に設立された愛書家団体。雑誌『書物の趣味』を刊行。

（14）エドワード・ゴードン・クレイグ（Edward Gordon Craig 1872–1966）。イギリスの演劇人。演劇理論、舞台美術家、俳優を兼ねる。

（15）ニコライ・レーリッヒ（Nicholaus Roerich 1874–1947）。ロシア生まれの画家、考古学者。文化財保護にも努めた。

（16）バックラム（buckram）。糊で固めた布。

（17）ダック（duck）。ズック。麻や木綿で織った厚手の粗布。
（18）「ガス織り」の略。ガス糸（gassed yarn）で織った光沢布。
（19）アーネスト・サトウ（駐日イギリス公使、Ernest M. Satow 1843-1929）の『日本きりしたん版書誌（私家版、一八八八年）』（天理図書善本叢書　一九七六年）。著書に『一外交官の見た明治維新』（岩波文庫　一九六〇年）。

教化機関としての小説および浮世絵

市島春城

一

今日は教育機関がほぼ備わって、どんな辺陬《へんすう》に赴いても、小学校が設けられているが、さかのぼって江戸初期の時代に考えおよぶと、民衆のための教育機関が皆無に近かった。当時の知識階級ともいうべきは貴族と僧侶とであった。足利時代から江戸初期にわたって勢力を占めたいわゆる五山文学は僧侶の手に左右せられたのである。その余流を汲んだ惺窩《せいか》、羅山《らざん》などが江戸初期の支那文学開拓にあたった。また日本文学の一面を代表する短歌、国文、歌学などは主として飛鳥井《あすかい》家、二条家および細《ほそ》川幽斎《かわゆうさい》らのごとき貴族の手に支配され、維持されて江戸初期における古学復興の源流をなしたのである。

それらの日において、貴族、僧侶などから教育を受けたのは、ある限られた武士階級にとどまっていた。それは士分のための教育で平民のための教育でない傾向を示していた。もちろん平民のうちでも相当資力あり、門閥の流れを汲んだものは、士分とひとしい教育に浴することが出来たであろうけれども、それはごく少数に限られて、目に立たぬほどのものであった。

当時、平民のために寺子屋と称する低級教育を授けるところはあったが、それも単に算、筆、読の初歩を形式的に授けるだけで、徳性を涵養《かんよう》するとか、趣味を向上させるとか、新知識を吹き込むとかいうことはまず絶対になかったといってよいほどの有り様である。それを補って、平民子弟の心性開発に資し、智育、情育、意育にいくらかの力を与えたのは各家における家庭教育であった。ことに老人の見聞などによって、種々のことが教えられた。が、それだけでは、まだ不十分であったのはいうをまたぬ。

そんならそれらの欠陥を補ってゆくものは何であったか？　それは当時行われた小説および小説の中に挿入せられた浮世絵である。それは当時における大きい教育機関であった。一般民衆は、それにおいて、自己教養の有力な資料を見出したのである。教化機関の乏しい当時にあって、これほど民衆を利したものはなかった。小説およびそれに添えられた浮世絵はごく安易な親しみ易い気分のうちに、民衆に向かって智育、情育、意育を与えた。それは有力な啓蒙作用を示して、民衆文化を進展させる一動力となった。

それらのことを明らかにするには、順序上、江戸時代における小説の沿革を詳述しなければならぬが、これは私の担任外であるから省略して、私はただ当面必要な事項だけを述べる。江戸のごく初めに行われた小説は版本に属するものがごく少なかった。大抵は写本でそれへ肉筆画を添えたもので、その画様は奈良絵といって、土佐、狩野の流れを汲んだものであった。そしてそれらの小説を繙読《はんどく》したのは貴族階級に限られていた。武士、ことに庶民階級は全くそれにあずからなかった。

その後、慶長の頃になって、活字本が出るようになって、いくらか文学普及に資するところがあった。けれどもそれは多く支那の書籍やこれまで写本で流布したものを版にしたのであってやはり少数者の用をなしたまでで一般の用にはならなかった。つまり、貴族、僧侶ないし武士の一部など、主として知識階級の読物たるにすぎなかった。庶民階級は依然としてそれにあずかることが出来なかった。

が、殺伐な気風が打ち続く太平の時代に柔らげられて、文化発達の芽が次第に伸びはじめると、木版印刷が行われて、小説的な娯楽用の出版物が徐々に現れるようになった。もちろん、出版についての不便、困難はなかなか除かれなかったが、それでもこれを活字本の時代にくらべると、いくらか容易になった。その内容はただ在来の写本を版にするとか、あるいは焼き直したものばかりで、挿絵もまた後日に見たような絢爛《けんらん》なものではなくて、非写実史的な分子が勝っていた枯淡なもので、主として土佐、狩野の流れを汲んだものであった。

爾後《じご》、文学は漸次進歩の階段を少しずつ辿って、元禄、享保期におよぶと、京坂においては非常な飛躍的発達を示した。江戸でも、いくらかの進歩を見せて、金平本《きんぴらぼん》、赤本などがまず刊行された。金平本は殺伐、荒唐なロマンスで幼稚極まるものであったが、それを大人が読んだのである。赤本は桃太郎、猿蟹《さるかに》合戦という類のもので、文章はごく簡単で、絵の解説のために添えられていた。江戸の少年少女らはここにはじめて自分らに親しみある読物ないし絵本を手にする権利を得たわけであった。赤本は書肆《しょし》でも子供の知識程度を考えて、見た目本位として、娯楽的に絵を沢山入れることにした。文字は客、絵が主であった。誰も絵の方へ引きつけられて、それを読むという具合であった。それから赤本の次に黒本が出て、子供よりも大人に読ませるのに適したロマンスを刊行した。

二

京坂における小説の進歩は、江戸よりも遥かに華やかで、もっと充実して浮世草紙の一派が起こったのを、さらに大成したのが井原西鶴の小説である。西鶴は大坂にいて、そのロオカル・カラアに親しんだので、まず経済中心の都会たる大坂市民に向かって、どうしたら百万長者になれるかという秘訣を教えようとして『本朝町人鑑』『日本永代蔵』などを書いた。また西鶴は、当時、近松の戯曲に見えた町人道に対して行われた武士道に観察をおよぼして『武道伝来記』『本朝若風俗』などを書いた。さらに彼は当時の町人も武士もひとしく惹き付けられた恋愛や性欲を主題として『一代男』『一代女』『五人女』などを書いた。すべて人間は利と名と恋とにその全心を傾ける。どうして百万長者になれるかということは利を主眼としたものである。黄金を眼目としたものである。次に人間は名を重んずる、西鶴の武道物はこの点に触れている。さらに男色物、好色本の類は、恋を主位に置いている。西鶴は人生における利と名と恋を中心としてその小説を書いた。そしてその表現の上において、人生の見方において、簡勁《かんけい》、雅健《がけん》な文章において、小説史上に一期を画するに足るべき立派な収穫を示した。

西鶴に次いで八文字屋《はちもんじや》物が出て、気質小説の上に一新生面を開いた。当時の小説は絵も挿入されてあったが、まだ十分ではなかった。そしてその小説が行われた範囲は三都に限られたように思われる。西鶴の小説などは、余情あり、含蓄ある簡勁な文章で書き、むずかしい字も入っているので、武士および相当文学ある庶民階級の一部が、それを読んだものであろう。が、西鶴の小説が出て、はじめて小説が明瞭にかつ有力に庶民生活に触れ、その感化もまたきびきびしていたところがあったと思う。ただ高尚に過ぎた点があった。

けれども事実小説、教訓小説の類になると、西鶴の文章よりは平易になって、庶民階級に理解せられ易かった。事実小説は今日の三面雑報の延長のようなもので、その内容は、仇討《あだうち》、心中などが主位を占めた。都《みやこ》の錦《にしき》が作った『東海道敵討曾我物語』を始め『熊谷女編笠《くまがいおんなあみがさ》』『雲州松江鱸《うんしゅうまつえのすずき》』などは仇討物である。『諸国心中女』『心中大鑑』などは心中物である。それから教訓小説の類は内容が平凡で、貧弱であったが、教化機関の代用として相当役立ったものと思われる。青木鷺水《あおきろすい》の『古今堪忍記《ここんかんにんき》』、月尋堂《げつじんどう》の『今様二十四孝《いまようにじゅうしこう》』、花洛隠士《からくいんし》の『立身大福帳』、北条団水《ほうじょうだんすい》の『武道張合大鑑《ぶどうはりあいおおかがみ》』などはその主要なものであろう。『今様二十四孝』は一種の平民的な『孝経《こうきょう》』で、二十四種の短篇小説のうちに孝のことをロマンスに託して力説している。また『堪忍記』はあまり露骨に説教しないで、忍耐の徳の重んずべきことを教えている。

其磧《きせき》、自笑《じしょう》の八文字屋物も、一面において、教訓的なところがあった。それが文学的価値を乏しくしたかも知れないが、滑稽や諷刺のうちにほのかに人々に儒教の道義観念を具体化して吹き込んだ。文章も西鶴などよりは平易になり、なだらかになってきた。さて八文字屋物の後に現れて、京坂の人気を集めたのは、後の『八犬伝』に脈を惹いた読本《よみほん》である。それは多少、学問の素養ある人々の手に成って、史的知識を民衆の間に普及した。例えば、岡島冠山《おかじまかんざん》の『通俗水滸伝』、賀茂真淵の『由良《ゆら》物語』、荷田在満《かだのありまろ》の『白猿《しろざる》物語』などの類で、それを大成したのは『雨月物語』の著者上田秋成である。秋成には、『春雨《はるさめ》物語』などの作もある。それらは支那小説をはじめ『日本霊異記《りょういき》』『今昔物語』などから、材料を取り入れて、一種の新しい史的知識、史的感興を一部の人々に与えた。

三

さらに江戸方面を見ると、民衆に向かって多大の感化を与えた草双紙の類がさかんに出た。宝暦頃は赤本、黒本のほかに黄表紙の類などが出て毎頁必ず絵を入れ、作家側も次第に才人が輩出した。明和年間には、朋誠堂喜三二《ほうせいどうきさんじ》、恋川春町《こいかわはるまち》などが出た。それらの結果、草双紙はひとり子供の読み物たるにとどまらないで、大人の読物となった。それと共に表装もまた美しさを加えた。そして安永五年には、黄表紙の外題《げだい》紙が一変して、紅摺絵《べにずりえ》となり、在来描いた鳥居風の絵をやめて、錦絵風に改めたのである。

それらと前後して、江戸では洒落本が続出した。それは蒟蒻本《こんにゃく》とも小本《こほん》ともいったものである。その先駆として出たのは『異素六帖』『遊子方言』などである。が、その降盛を極めるようになったのは、安永年間、田螺金魚《たにしきんぎょ》が『傾城買虎之巻《けいせいかいとらのまき》』を出した頃からである。ことに天明年間、山東京伝《さんとうきょうでん》が現わるるにおよんで洒落本に新生面を開き、江戸の文壇を風靡した。その内容は多く遊里の光景を描写したもので、対話は江戸の言葉をそっくりそのままに用いて、人情の一面をよくうがった。が、以上の小説は、田舎まで普及しないで、大抵都会の人々がそれを翫賞《がんしょう》したにすぎなかった。田舎では、少数の好事者《こうず》が、それを求めて読んだくらいのものである。

真に都鄙《とひ》を通じてあまねく行われたのは、柳亭種彦《りゅうていたねひこ》の合巻《ごうかん》物などである。それは黄表紙および読本の脈を取り入れて、それを一つにしたようなものである。この合巻は、最初式亭三馬《しきていさんば》がその作『雷太郎強悪物語《いかずちたろうごうあく》』を書いて、通例十冊の黄表紙となるべきを便宜上二冊として出版したのに始まる。が、後には、草双紙の話説を長く延ばして、数十冊ないし百冊余の長篇とすることになった。種彦の『田舎源氏』、種員《たねかず》の『白縫《しらぬい》物語』などがそれである。『田舎源氏』はその筋を複雑にし、文学を優麗にしたばかりでなく、さらに巻中へパノラマ式に美麗な絵を入れ、巧緻の趣を発揮した。また種彦は「正本製《しょうほんこしらえ》」ということを始めて、脚本と草双紙とを折衷したものをも出した。もっとも草双紙はすべて文化以後は芝居がかりに綴るのを例とし、そして表紙や挿絵の人物を当時の俳優に擬して書いた。従って服装や装飾などをも芝居化していた。また絵は概して大きく挿入されて、その余白へ文章を入れ、文字を細い平仮名で書き綴った。つまり絵が主位を占め、文章は客となった風であった。その絵は、浮世絵の大家、喜多川月麿、歌川豊国、歌川豊広、同国貞、北尾重政、勝川春好《しゅんこう》らが筆を執ったのである。こうして合巻物は、三都のみならず、田舎の方にも普及した。

以上述べた小説の中で、その一部分——洒落本など——を除くと、内容は娯楽的ではあるが、一面において、忠孝や婦徳や武勇に関すること、神仏に関することなどを述べ、あるいは町人道を明らかにして、間接に勧善懲悪に資するところがあった。勧懲主義ということは文学上、自ずから是非の論があるわけだが、とにかく、日本全国にわたって、道徳上、よき感化を与えたのは、教化機関の乏しい当時において啓蒙上に益するところが少なくなかった。当時寺子屋のほかに儒学を講究する聖堂や漢学塾の類があったが、それらは、単に少数者を感化したにとどまっていて、全国的ではなかった。ところが、種彦や馬琴の合巻物は全国にひろがって、感化力が強く、かつ広かった。

これを知識普及という側から見ても、当時出た通俗な歴史小説——馬琴の『弓張月《ゆみはりづき》』『俊寛僧都島物語《しゅんかんそうずしまものがたり》』『頼豪阿闍梨怪鼠伝《らいごうあじゃりかいそでん》』などは、『太平記』『太閤記《たいこうき》』『源平盛衰記』などの類と相俟《あいま》って、史的知識の普及に役立った。支那小説を翻訳した中で『三国志』などは、支那に関する史的知識を一般に伝えた。恐らく当時の民衆は、講釈師の口からするよりも、より多く通俗小説の『三国志』とか『漢楚軍談』の類によって、関羽を知り、張飛を知り、玄徳を知り、漢の高祖を知り、楚の項羽を知ったであろう。わが江戸期の民衆が支那の民衆にくらべて、支那の史的知識に豊かであったのは以上のような通俗小説に負うところが少なくない。そしてその中に挿入された絵によって深い史的感興を付与されたと思う。

江戸の小説と演劇の開源は、既に前にも述べたが、はなはだ密接であった。それを最もはっきり示したのは「正本製」である。その序文はこれを彼の口上という作者と画家とが居ならんで挨拶を述べるのに擬した。またその内容では、場面の変化や筋の立て方までも劇化して、「この見えよろしく幕」あるいは「この道具ぶん廻す」という言葉を用いた。挿画は劇場における風俗、楽屋のうちの有り様などを示して、人物の風采、態度も俳優に酷似させた。すべてが劇化してそこに美麗、優雅の趣を見せた。もっとも、前にも断ったごとく、これは文化以来の合巻物の定例ではあったが、「正本製」以来この傾向がさらに加わり、ついには読本にまでも波及した。

四

それでここに私が思いおよぶのは、小説に伴って自然に起こった浮世絵の発達である。小説を文字ばかりで味わうのは近来のことで、江戸時代では、文字だけの小説は乾燥だとされた。事実、学問が普及しない時には、どうしても小説の文字だけでは、無趣味の観があった。書肆では、早くこの点に気付いて、文章の乾燥を補うてゆくために挿絵に重きを置き、それにうんと力を入れた。当時では、文字よりも画の方が遥かに求引力が強かった。絵だけ見ると、誰にも、内容の主意がわかるのである。草双紙にあっては、言葉が添え物で、絵が主位を占めた。浮世絵はこうした事情によって発達した点が多かった。

当時、地位の上では、作家が上位を占めて画家は下位を占めた形であった。作家がその綴ろうとする小説の挿絵とすべきスケッチを画家に授け、いろいろ指図したり、時には小言をいうようなこともあった。画家は大抵の場合、唯々として作家の言に聴従したものである。画家は作家よりも、ある場合、一段骨が折れた。作家は画家に命令したりするのみならず、自分の都合で筋を途中から変更したり、筆を曲げたりすることが出来たが、画家はそうはゆかなかった。当時の画はかなりに繊細を極めて、写実、迫真を主としたから、何事も実地に調べて、写生につとめねばならなかった。すべてにわたって、投げやりにしたり、誤魔化したりすることが出来なかった。作家の自由なのにくらべると、余程窮屈であった。それだけに画家は、真面目に懸命に働いた。そしてある場合には、小説が文字のために売れるというよりも、むしろ絵のために売れた。小説のために絵が売れたといえぬかも知れぬが、絵によって小説が普及され、ひろく行われたといえる。そして優れた浮世絵の人々に与えた美的印象や美的感興は、一生忘れ得られぬほど深いものがあった。それらの関係からでもあろうが、浮世絵の作家中には、葛飾北斎のような豪傑が出て、文壇の剛の者馬琴にも屈しない意気を示し、大いにその見識を高めるというような例も見られるようになった。要するに、浮世絵をかいた人々は、作家ほどの名声を得なかったのみならず、その労苦もまた作家よりは多かった。しかも彼らはそれに甘んじて、自家の創造性を発揮するにつとめた。そこに尊い魂が見られる。そして今日になると、むしろ小説の文字よりも、挿絵のために売れるという有り様で、浮世絵の勢力は、ある点において、小説に優るものがある。

それに江戸時代に頻出した浮世絵——小説に伴った——の数は非常に多かった。それは錦絵よりも非常に多くて、一つの大なる図書館が作れるほどである。が、その大半は画家が報酬上、縁の下の力持に終わったのはもったいないほどである。以上は小説冊子に付随した浮世絵のことだが、その他、三枚続き、五枚続きの錦絵がさかんに出た。今日のように石版、写真版、コロタイプ版などいうものがなかった時代には、錦絵ほど美しく、精巧なものは他になかった。それだけに当時の人々はそれをどのくらい深く珍重し愛翫したか知れなかった。錦絵には、風俗画、俳優画、名所絵などがあって、江戸絵と称せられ、地方人は第一それを土産として田舎へ持ち帰ったものだ。また江戸へ来て、芝居を見たものは、その記念に俳優画を購入することを忘れなかった。また一方では、浮世絵が浄瑠璃、脚本の中へも挿入せらるるようになって四方に流布した。つまり、それは一面において、小説が進歩し、普及した結果でもあった。この点において、小説と浮世絵は相関的で、相寄り相俟つところがあった。

五

元来、小説は戯作をもって目せられて、貴族、士流の間では、最初繙読しなかったのである。それで社会の中流以下で行われていた。それが馬琴、種彦らが出るにおよんで、上流の人々が読んでも差し支えないような作品を出したので、貴族、士流のうちにも、公然、小説を読む者が出来た。つまり、上中下を通じて、小説が一般的に愛読せらるるようになった。小説の弘布はやがて浮世絵の弘布をも意味した。小説には必ず浮世絵が伴うて、その内容の上に趣味を加え、時としてより多く作意を補った。浮世絵はこうして民衆芸術の粋ともいうべきものであった。ナショナル・ピクチュアともいうべきものであった。そしてその描くところは、すべて社会の実生活に触れた。それらについて詳しいことは、別に専門家が執筆さるるはずだから、ここには述べぬ。ただ私が一言したいのは、浮世絵が教化機関として、学校よりも偉大な感化を民衆に与えた一事である。浮世絵は無言のうちに人々に武士道、町人道を教えた。封建時代に必要な道義、感情、慣例などを教えた。また地理や歴史や芸術的趣味などをも教えた。それをひっくるめていえば、一種の庶民的芸術教育の役目を具現したものである。

浮世絵は江戸人に向かって、趣味の教育を与え、時勢に必要な知識を与えたと同時に、地方人士に向かって、芝居趣味、都会情調を教えた。またウィットやヒューモアの趣味を吹き込み、俳諧の味をも知らしめた。ある点で、それは新聞紙のない時代に新聞紙の代用をもつとめたといえよう。今日は新聞紙によって、地方人が都会の様子を知り、その時尚《じしょう》、流行などを知るのであるが、江戸時代には、浮世絵を通して、江戸の生活や時尚や流行などを知った。また社会の出来事なども、浮世絵によって知ったわけである。それで浮世絵が新聞紙の代用をつとめたという意味がわかるであろう。

小説の勢力が増大したのは、馬琴の小説のうちにある挿絵を高松の家老木村黙老《きむらもくろう》、伊勢の殿村篠斎《とのむらしょうさい》などが精評したのを見てもわかる。そしてその批評が印刷によって諸方へひろがったものだ。従って浮世絵の趣味もまたそれにつれて一層ひろがったわけである。少し話が飛ぶが、維新後、西洋風にならって小説を重んずる傾向が出来て、四大奇書が撰せられた時、一九《いっく》の『膝栗毛』、種彦の『田舎源氏』、春水《しゅんすい》の『梅暦《うめごよみ》』、馬琴の『八犬伝』などが数えられた。が、公平にいうと西鶴、三馬、京伝の代表作をも一つずつ、それに加えなければならぬから、そうとすると、六大奇書ないし七大奇書となるであろう。それに対して、近松巣林子《そうりんし》、紀海音《きのかいおん》、竹田出雲、並木五瓶《ごへい》、桜田治助《じすけ》、鶴屋南北らの戯曲中から、戯曲六佳撰でも作ると面白かろう。森田節斎は「近松は日本の司馬遷だ」といったことがある。

少し話が傍径に入ったが、江戸の化政期前後において、小説が脚本と相俟ってさかんに行わるるとなると、他の雑著なども小説を真似て沢山の絵を挿入して、小説らしい体裁、恰好をして出た。そしてどの本にも浮世絵が必ず伴った、こうした種類の本をあげると、『北越雪譜《ほくえつせっぷ》』、『訓蒙図彙《きんもうずい》』をはじめ、節用集、年中行事、名所記、諸芸、礼式などがある。随筆の一部もやはりこの中に入る。すべて小説体に柔らかく、興味中心に書く風があって、それが絵と相俟って、人々に喜ばれた。その他、四季の出来事——大地震、大海嘯《かいしょう》、大疫癘《えきれい》、大火事および復讐、御家騒動など——当面の事実を主としたものもまた小説風となって現れた。それらの叙述は平易で面白くわかり易く、絵もまた振るっていた。

六

こんな風に小説風の冊子が続々出て、啓蒙的に社会開発に資し、民智を増進した。それに長崎絵のごときは、主として絵によって、欧米文化を民衆の頭脳に印象した。それには、清人《しん》、阿蘭陀《オランダ》人、唐船図、四艦渡来の図、唐児《からこ》戯遊図、咬𠺕吧《カルカツタ》黒坊などの画題などにおいて、異国情調をはっきり何人にもわかるように刻明に描いている。また万国総図などがあって、海外地理、各人種の風俗などを描いたのもある。長崎絵を見ると、一目の下に海外の様子が窺《うかが》われる。また絵に関した簡単な説明も愛嬌があって面白い。

それから階級制度が厳格に行われた時代に貴族階級の生活をさながらに示したのは、やはり浮世絵である。種彦の『田舎源氏』は大御所（家斉《いえなり》）時代の大奥生活の内秘をあばき出したものだと伝えられているが、その著作中に挿入された絵は、如実に大奥のカラアを浮かべ出して、それを眼の前に見るように髣髴《ほうふつ》している。当時の平民、町人が大奥を知ることは容易に出来ないけれども、『田舎源氏』を見ると、その一斑を知ることが出来た。種彦はそれがため、幕府の隠事をあばいたという嫌疑で、吏の糺問《きゅうもん》を受け、非常にそれを気にして病を発した。が、貴族生活の鳥瞰図《ちょうかんず》を提供した上において、『田舎源氏』は最もよく役立った。

また小説において、『田舎源氏』以外にも、貴族ないし上流社会のアラを摘出したり、時弊を諷刺したり、迂遠《うえん》な漢学者を嘲笑したりしたことは、大いに平民社会のために気を吐いたもので、窮屈極まる階級制度の束縛を暗に打ち破った痛快さがあった。それが絵と相俟って平民社会に大なる共鳴を起こさせた。喜三二の『文武二道万石通《ぶんぶにどうまんごくとおし》』、春町の『悦贔屓蝦夷押領《よろこんぶひいきのえぞおし》』、『鸚鵡返文武二道《おうむがえしぶんぶのふたみち》』などは寛政時代の政治を諷して、時人に歓迎せられた。

以上、小説と浮世絵が教化機関の備わらぬ江戸時代に啓発的に役立ち、民衆を面白がらせつつ智育、情育、意育、ことに一種の芸術教育を普及したことを述べた。もちろん、麁枝大葉《そしたいよう》で細かいことはいずれ専門家諸氏によって闡明《せんめい》せられるであろうと思う。

（稀書複製会編纂『版画礼譜』所収、春陽堂、大正一四年三月）

『文章世界』のこと

前田　晁

編集の七年間

『文章世界』はその創刊号を明治三十九年の三月十五日に出した。今から二十七、八年も前のことで、思えば遠い昔である。主筆は田山花袋《たやまかたい》氏。編集はわたし。まったくの二人きりで、その前月、すなわち二月の六日に、わたしが博文館に入った時から、その後、大正元年の十二月二十日に、田山さんが、突然、博文館に出勤しなくともよいということになった日まで、およそ七年間ほど、ずうっと一日のように、わたしたちは向き合わせたテーブル越しに互いに見なれた顔を見合っていた。その七年間に、自然主義という大きな文芸上の運動が起こって、そして、いつかまたその勢いが衰えかけていたのである。で、その思い出は、当然、そういう問題に触れて行くべきであろうと思うが、——というのは、主筆の田山さんは、その運動の隠れもないチャンピオンであり、『文章世界』はたしかにその壇場の一つでもあったのだから、——が、まことに無念なことには、今、わたしは手許に『文章世界』の一冊をも保存していないために、何をたよりにその糸口を引き出そうかの見当がつかない。

で、ここにはただ漫然と、記憶に浮かんで来ることをそのまま何の連絡もなく、断片的に書き記していってみる。

創刊の趣旨

さて、第一に思い出されるのは発刊の趣旨である。今日、『文章世界』が何かと話題になったり、再吟味されたりするのは、いうまでもなく文学史的にその意義をたずねられるのであろうと思うが、この雑誌のそもそもの発刊趣旨は、まことに皮肉なことにはむしろ反文学的なところにあった。もっとも、わたしは、主筆の田山さんが既にすっかり立案してしまったところへ、ただ編集員として入ったのだから、そういう趣旨や何かもあとで聞かされた話であるが、それによるとこうである。――その当時の青年が、いわゆる美文だの新体詩だのというものは、誰も彼もがそれぞれ相当に書いたり作ったりするけれども、実社会に出て必要な文章、例えば手紙のようなものになると、一向だめで、見舞状一つすら満足には書けない者が多いというので、このあまりにも文学的な、浮華軽佻《ふかけいちょう》な風潮を博文館主の大橋新太郎氏が深くなげいて、そういう実用的の文章を一般の青年に書き習わせるようにしたいがためにこの雑誌の発刊を思い立たれたのだということであった。

今は、美文だの、新体詩だのというと、その名称からして既に諸君には耳遠いものかと思うが、美文というのは、いわゆる雅俗折衷の半擬古文式な文章で、すこぶる抒情脈の勝ったものだった。今日から顧みると、まことに冷汗物だが、現にわたしなども、その前年、すなわち明治三十八年に『新声』という文学雑誌を千葉江東（亀雄）君と共に編集していたころには、ジッケンスやモウパッサンを翻訳するにも、ひどく苦労して、この美文脈の文章でやったものだった。ずっと評論家で通って来たようにも思われている千葉君にも、たしか『いざさらば』という名であったと思うが、美文集が一冊あるはずだ。新体詩という名は、『文章世界』でも、はじめの間はそのまま使っていたが、後に「長詩」と変えたとおぼえている。ただの「詩」としたのは、よっぽど後のことであったろう。創刊当時は、「詩」といえば、一般に漢詩のことであり、詩人といえば漢詩人のことであって、漢詩の勢力はまだなかなか盛んであった。で、『文章世界』でも漢詩の評釈を載せたり、読者からもこれを募集したりした。

発刊の趣旨が、すでに前述のようなものであったから、創刊当時の『文章世界』がまったくの作文雑誌であったのに不思議はない。田山さんも、わたしも、出来るだけ文学的にはならないようにと気をつけた。が、一面、練習雑誌であるという本来の約束上、誌面の約半ばを割いて、応募作品の発表舞台に当てることにしていたが、その募集種目の中には、小説も入っていた。小説もまた文体の一種だからというのであったが、これが後になって考えると、発刊趣旨に対する反逆の萌芽だったのである。

諸大家訪問

わたしはしきりに文章界の大家や先輩を訪問して、原稿を依頼したり、談話筆記を取ってまわったりした。その中には、今もなお特異な記憶となって残っていることなども少なくない。依田《よだ》学海《がっかい》氏をお訪ねした時のことなどもその一つである。

依田氏はそのころ神田の小川町に住んでいられた。今はすっかり道路が変わってしまったので見当がつきかねるが、そのころは神田橋のほうから来て突き当たった少し左寄りのところに路地があって、依田氏の住居はその路地を入ったすぐ左側のところにあった。そのすぐ先を左へ曲がった右側のところには佐佐木信綱氏が住んでいられ、さらにまた、元の路地をまっすぐに奥へ行った右側には、そのころ才人といわれた画家の一條成実氏が住んでいられた。佐佐木氏のお宅が堂々とした二階家であったに反して、一條氏のお住居は、二間か三間の棟割長屋で、低い軒端には朝顔の蔓が這いまわっているというような風景であったのをおぼえている。

ところで、学海氏だが、氏はそのころ、もう七十六歳の高齢で、白髯《はくぜん》を長く胸に垂らしていられた。夙《つと》に一種の理想を寓した歴史小説を書かれたり、脚本を作られたり、批評をもされたりなどして、特に趣味の高尚雅醇《がじゅん》なのをもって聞こえていた。

若輩なわたしは、もちろん、仰ぎ見るような気持で翁の前にかしこまって、さて、問題は何であったか忘れたが、とにかく、それについての翁の意見を謹んでおたずねしたのである。

すると、翁は、微笑を含んで、うなずきうなずき聴いていられた末に、

「それで、先生のご意見は？」

と、しずかに反問された。

わたしにとって、単に「先生」という言葉ですぐに頭に来るのは、坪内先生だけである。が、その問題は、坪内先生には何の関係もないことだったので、わたしは、依田氏が、どうしてわたしが早稲田出の者であることを知っていられるのかということをすら考えて見るいとまもなく、

「いえ。先生にはまだ何も伺っておりません」と言った。

「いや。先生のご意見です」と、依田氏は繰り返された。

「先生、と申しますと……？」

「そちらの」と、氏は右の手をちょっとわたしのほうへ出して、「先生です」

「わたくしの先生と申しますと、坪内先生ですが……」

「いや、坪内さんではありません」と、依田氏はにっこりと笑って、わたしの名刺を取り上げると、もう一度一瞥《いちべつ》してから、「前田先生のご意見です」

わたしは、はっとした。もちろん、顔は真赤になったろう。この老大家が眇《びょう》たる青年記者に向かって、「先生」と呼ぼうとなど誰が想像しよう！　わたしはすっかり、とちった。

が、あとで館に帰ってから田山さんにこのことをお話しすると、

「なあに、君、ああいう年輩の文学者たちは、お互いに先生という敬称を使っているので、何も不思議なことではないのだよ。つまり、漢学者のほうの習慣から来たことで、文人相軽んずの反対を挨拶に見せているんだね」ということだった。

もう一つは饗庭《あえば》篁村《こうそん》氏。氏を向島のお住居におたずねすると、一段高くなったような、中二階風のお座敷に通された。まるまっちいような姿をした篁村氏は、これも何の問題であったか、要件は忘れたが、わたしが寄稿をご依頼すると、ぽんぽんと手を拍いて、老夫人をお呼びになった。

「どうだろうね。これこれのことを書くようにというお話で、この方がおいでたのだが、わしに出来るだろうか？」

「さようですね。お出来になりましょう」

ごくしずかな、落ちついた調子で、こういう対話がご夫婦の間にあってから、

「では、お引き受けしておきましょう」というご挨拶であった。

主義の宣伝と使徒の養成

本欄に創作を出すようになったのは、創刊後一年くらいも経ってからであったとおぼえている。小

説もまた文章の体様の一つであるという理由の下に、はじめは、そのお手本にという口実で、そっと載せて見たような恰好《かっこう》であったが、これは、いわば斥候を放った形で、それからというもの、次第に編集の調子が文学的に変わって行った。そして、いくらも経たないうちに、自然主義運動の壇場ともなったのである。

けれども、一方、投書雑誌としての使命はどこまでも閑却しまいとしたので、そのほうにも力を注いだ。つまり、一方で新文学の主義を宣伝すると同時に、他方で使徒の養成に努めた形であった。で、（というわけでもないが）『文章世界』の投書家であった人々の中には、今は、文壇で大いに名を成していられる人や、新聞社、雑誌社の有力な記者や、公私大学の教授助教授や、詩人、歌人、俳人、画家、ないし地方の小学校長などが無数にある。今、わたしが指を折って数えて見ても、三、四十人は容易にあげ得られる。けれども、雑誌に投書したということは、何もその雑誌から出たということにはならないし、少なくとも、そういわれるのを好まない人々もあるであろうと思うから、当然、その名をあげることは遠慮すべきであろう。

六月会の記事

愛読者の会に六月会というのがあった。中村泣花（武羅夫《むらお》）氏、水守夕雨（亀之助）氏、藤木紫蔭

（九三）氏、石田秋峰（勝三郎）氏、らの主唱の下に出来たもので、明治四十年の六月にはじめてその発会をしたので、六月会という名をわたしがつけたとおぼえている。この会には、田山さんやわたしがほとんど毎会出席したほかに、小栗風葉《おぐりふうよう》氏や真山青果《まやませいか》氏をはじめ、文壇の錚々《そうそう》たる人たちがよく出席した。で、その例会の記事を中村君がいつも書いていたが、それが全読者に非常に受けて、読者間の親しみを増させる好い読物となっていた。

ところが、その十一回目の時に、田山さんは『生』の執筆のために出られず、わたしは増刊の原稿に追われて欠席したが、例によってその記事が送られて来たので、わたしは一読の上、早速工場へまわすように指定して、テーブルの上においた。

と、田山さんが何気なくそれを取って読んでいられたが、突然、

「君！」

と、非常に強い、どなりつけるような語気でわたしを呼びかけた。

「君は、これを出す気なのか？」

「え？」と、わたしは驚いて、顔をあげると、「ええ。どうしてです？」

「こんなもの」と、田山さんはぽんと原稿を投げ出して、「出すことならん。怪しからん」

そういって、ぐっと下唇を噛んだ。

「どうしてです？　別にどうってところもないじゃありませんか？」

「ないことがあるもんか。ばかにしている。僕は君、彼らと議論をしようと思っているんじゃない。

教えてやろうとしてるんだ。それだのに、失敬な！　……」

　そういって、田山さんはまたぐっと下唇を噛んでいたが、そのうちに巻紙をひろげて、手紙を書き出した。

　わたしはしかし、その原稿に未練を残して、読み返して見たが、どこがそんなに田山さんを怒らしたのか見当がつかなかった。

「どこがいけないんです？　そこだけ直して出そうじゃありませんか？」

「僕が君、いけないといったら、いけないにしたらいいじゃないか！」

　田山さんはわたしにも全く怒って、せっせと手紙を書いた。

　その翌々日であったかと思う。中村君からわたしに手紙が来て、田山先生から絶交を申し渡されたが、わたしは見当もつかなくて全く困惑している。どうか執り成していただきたいという意味だったとおぼえている。で、わたしがそのことを言い出すと、田山さんは、

「このことについては、一切口を出してもらいたくない。僕は真剣なんだから」

　ぽんとわたしは一蹴されて、とうとう中村君にもそのまま返事も出さなかったとおぼえている。

　ところで、何を田山さんはそんなに怒ったのか？

　その時の中村君の原稿は、今もわたしの手許にあるが、——今なら、中村君もこうはいわなかったろうし、田山さんもいたずらにむかっぱらを立ててもしまわなかったろうと思うのだが——それは、田山さんが『蒲団《ふとん》』で書き、小栗さんが、たしか『耽溺《たんでき》』で書いたりして問題になった中年者の恋を、

中村君が一種の贅沢《ぜいたく》に過ぎないといって罵倒《ばとう》したのである。そして、「中年者に比べて、現在の青年は今少し真面目だからな。中年者が何、若輩がといって青年を馬鹿にしている間に、やがて、青年の作って行く新しい時代の思潮の圏外に、ほうり出されるのが中年者の運命さ」と青年の気焔をあげていたのである。

平静の時なら、あはは、と笑って済ますことをも、渦中にいると、つい憤激せずにはいられないのが真剣な人の面目かも知れない。田山さんも、あとでは、大人げなかったと思ったろう。

題と署名とだけの原稿紙

新片町の島崎さんのお宅へ原稿を催促に行ったことなども思い出の一つである。題の下に島崎藤村とだけ書いてある原稿紙を前に、氏は机に向かって端坐していられる。そばの火鉢には敷島の吸殻が林をなしている。他には茶器。

わたしはきのう行って、きょう行って、あしたまた行って、やはり題と署名とだけしかない同じ原稿紙を前に端然としていられる氏を見て、黙ってお辞儀をして帰ってきたこともあった。

(『人物評論』昭和八年一二月号初出／『明治大正の文学人』所収、砂子屋書房、昭和一七年四月)

挿絵文化の意義

木村　毅

久米（正雄）さんは作家であると同時に、自分で絵を描きますので、非常に挿絵については種々のお考えもあるようですが、私は挿絵のことについては余り知らないのであります。きょうこういうところへ出て来たのも、出てくれないかという主催者側から電話があったので何の気もなしに出て来たので、何を話してよいか実はわからなかったが、まあ何とかごまかして話そうという（笑声）太い腹で出て来た次第であります。

挿絵は、十八世紀の終わりから十九世紀にかけて、世界中で日本が一番進んでいます。日本でも古本屋を漁《あさ》って見ると、草双紙がいろいろあります。大きな挿絵があって、横の方までいろいろと、小説の文句がはみ出るほど描いてある。ああいう立派な挿絵は、世界中に例がないのであります。そこで一寸――徳川幕府の終わり、潰《つぶ》れる時分のことでありますが、イギリスで世界大博覧会があった。今ロンドンの郊外に水晶宮という宮殿がありますが、あそこが大博覧会の会場でした。その時日本の絵が陳列されたのでありますが、その中に草双紙もあったらしいので、それが非常に西洋の挿絵に、いろいろの感化を与えているようであります。

西洋の挿絵というと、ご存じの通り、本の中に銅版で挟んで添えてあるから本文と挿絵とがぴったり合っておりません。というのは挿絵は挿絵そのものでなく、本文の中に別に紙が入って、別の紙で銅版がある、そういうように挿絵と本文とが別々であったが、日本の草双紙を見てから、ずっと変わって、近頃では西洋小説の挿絵は進んでいるが、あれは実は日本の挿絵が刺戟した結果であります。ところが明治に入ってから、これはここにも大分出ておりますが、挿絵というものは一時振わなくなった。ことに維新の頃から暫くの間は大した出版物も出ておりません。その中に新聞なんかが出て来て、新聞は始めは政治家みたいな人だけの読み物で、こういう人達は絵があると低級な読み物のように思って、絵は余り歓迎しなかった。ところが、明治十年の西南戦争前後から絵を入れて女子供が読んでも面白いような新聞をこしらえた。日本字の新聞に絵が入ったのですから、相当世間を驚かしたものだ。始めは新聞の小説に絵を入れていたが、次第に記事にも絵を入れた。その当時の挿絵は、木版でやるのでありますから、今日のように、例えば事件があればすぐ現場に飛んで行って写真をうつしてそれを夕刊に間に合わせるというようなやり方とは違って、その当時は殺人なら殺人、駈落ちなら駈落ちの絵というものを始めから予め描いておいて、人殺しのあった時は人殺しの木版を入れて刷る。駈落ちの時は駈落ちの木版を入れて刷ったという時代であった。その後段々新聞が大衆的になるに従って絵が必要になってきた。明治の小説もきょう陳列したものを見ると仮名《かな》垣魯《がきろ》文《ぶん》のものなどが大部出ておりますが、徳川時代の作家で、明治まで生存しておったのでありますが、明治の小説は明治十年あたりから飜訳が出始めて、その当時主として挿絵はなかった。挿絵が非常に重要視されたのは坪内逍遥の『当世書生気質《とうせいしょせいかたぎ》』時分の頃の挿絵で、その挿絵は会場に出ているはずですが、始めは誰であったか、旧来の日本流の画家があの小説の絵を描いていたのですが、長原孝太郎さんが「この小説は新味のある小説だから、挿絵だけは古い挿絵ではいけない。あれを私に描かせてくれないか」と坪内先生に尋ねた。長原さんは洋画家であったが、坪内先生は「そんな小僧っ子に描けるか」とこう笑っておられたが、余り熱心に言われるので、「それほど描きたいなら描かせるが、じゃこういう絵を描いてくれ」と下図を描いた。その下図が会場に出ている。その下図が、『当世書生気質』の中で、当時の大学の書生が寄宿舎生活をしているところを書いた中に、ある書生が西瓜《すいか》を買ってきたが、これを切る包丁が無い。そこでその書生が西瓜を拳骨で割って食ってるところがある。これはモデルがあるので、あれは三宅雪嶺《みやけせつれい》博士で（笑声）三宅さんが西瓜を拳骨で割って食った。ご当人は知るや知らずや、それが『当世書生気質』の中に書いてある。「そこのところを絵に描いてくれ」と下図を描いた。それが出ているのであります。坪内先生は東京に出て来る前、名古屋で絵を稽古したから絵はうまい。そこで三宅さんが西瓜を拳骨で打ち割っている絵を描いたのですが、後年三津木春影は、作としてはかえって小説より絵の方が出来がよい、よく出来たと言っていましたが、あとでとくとご覧下されば、あなた方も私の言うことはご賛成下さると思うのであります。

挿絵のことについては大体私は久米さんの話を半分ぐらいから聞いたので、どういうことをおっしゃったか知りませんが、大部分久米さんが話されたのではないかと思いますので、途中はかっとばしますが、この挿絵につきましては、非常に面白いのは横浜の新聞の話でありますが、何でも「横浜新報」で、自分の社で画家に絵を描かしてそれを木版に彫らして新聞に載せていたところが、ある時金が無いところから絵を描かして木版に彫らせることが出来ない。種々考えた末、東京の新聞で挿絵に使った木版がいらなくなると売り払う。その木版を買っていって、「きょうはこの木版について似たような小説を書いてくれ」と小説を書かしたので、私の先輩である長谷川伸《はせがわしん》さんが横浜で新聞記者をやっておった時代、それをやっておったのであります。それで忠臣蔵なら忠臣蔵の小説を書きますと、どんどん絵の方が先に出る。今日では大体小説の方が先に出る。その小説を見て絵を描くので、久米さんのように鎌倉の宅から挿絵画家のところへ電話をかけて、「きょうはこういうところを描いてくれ」と頼みます。私はそうしたことは一回もありませんでしたが、ともかくも本文の方が先に出て、それによって絵を描くのでありますが、横浜の新聞の方は、挿絵は東京の屑を買って来て、それによって小説を書いたのですから、何でも長谷川伸さんが忠臣蔵か何か書いていると、いろいろ新聞社から古木版を買ってくるのですから、中からは何が出てくるやらわからない。忠臣蔵から石川五右衛門が出たり何かする。（笑声）そこで長谷川さんは、「石川五右衛門は変ですね」というと、新聞社の方では「そりゃ石川五右衛門は泥棒だから、あんな奴だからどこに出てくるやらわからない」といって大笑いしたことがありました。（笑声）。

そういう風な具合であったのであります。明治三十年台になりますと段々西洋の挿絵が進歩して、これが日本のジャーナリズムに大きな影響を与えたのであります。一体三十年前後は西洋の方から挿絵が進歩してジャーナリズムの方では大きな変動のあった時で、日本では「反省雑誌」という「中央公論」の前身が出た時分、あの時分西洋では「レビュー・オブ・レビュー」というものが出た。この「評論の評論」をまねて中央論壇というのが出来たわけで、それは本の表題の方のことでありますが、絵の方でも、今申したように、日本の草双紙の挿絵が、西洋の絵に影響を与えその影響は最初にアメリカの方が早くその日本の草双紙の影響をこうむったとも思う。アメリカの方が文化が低く、読者が低く、そういうところでむずかしい本を出したのでは本が売れないというので、アメリカでは低俗なジャーナリズムが発達した。それに絵が必要なので、そこで、新聞雑誌に絵を入れたのはアメリカの方が発達したわけであります。

私達の子供の時に、「ニュー・ナショナル・リーダー」という英語の本がありました。今はありません。明治時代の人はこの「ニュー・ナショナル・リーダー」をお読みにならない方はないと思います。……イット・イズ・エ・ドック……あれが第一課に出ている。あの絵なんかを見てみるとこれは確かに日本の草双紙の絵から思い付いたに違いない。挿絵の入れ方がそれに相違ない。あの当時絵入りのリーダーはない。それで英国にあっては二十年か三十年前に、ニュンズというジャーナリズムの天才があって、アメリカの雑誌を見ると絵の入れ方が非常にうまい、これを英国でやったら売れるだろうというので、今日「ストランド・マガジン」というのでありますが、これはアメリカの雑誌から絵の入れ方をまねて、コナンドイルの「シャロック・ホームス」が、この「ストランド・マガジン」に出た。非常に雑誌が売れたということであります。かようにして三十年前西洋では変革期があった。これを日本の方でも参考にしたらよいと、大谷光瑞《おおたにこうずい》さんは西洋の雑誌を日本に送ってこられたが、惜しい哉《かな》、十九世紀の前半において世界第一の挿絵をつくった日本も、その頃はどうもそういういい挿絵が出来ない。いろいろと工夫をしてきたのでありますが、日露戦争頃までの雑誌を見ても、あんまりいい挿絵は入っておりません。ところが石版なんかも次第に上手になって、西洋の「ストランド・マガジン」に入っておりまする絵の入れ方にまねて日本でも入れるようになった。我々少年時代の雑誌を見ると、ちょうど昔の草双紙と同じような雑誌が日本にも現れてくるようになった。

西洋の新聞を読んでみると、西洋の新聞の絵の入れ方は、日本の新聞のようにちょこんと真ん中に入っているやり方でなしに、もっと草双紙式に潤達なる入れ方をやっている。日本においても挿絵を真ん中に入れずに、いろいろのやり方をやったらよいだろうと考えるのであるが、もっとも日本の新聞は広告が多いのでかえって広告に押し出されて、挿絵を横に付けると、この挿絵は広告の挿絵が小説の中の挿絵であるように思われるので、編集者が考えて真ん中に入れたのであろうと思いますが、毎日挿絵が真ん中にくっついているということは、それは動きのないものになってしまう。ちょうど徳川のご時勢でも幕末が三百年も続くと行き詰まって仕様がなくなると同じように、日本の挿絵が新聞の真ん中のところに入っておったならば、もう余程の大天才の出て来ない限り、挿絵の方も行き詰まってしまうのではないかと私は心配をしておるものですが、大体目の利く挿絵を描く人はこれにもっといろいろの工夫をしようと思っている。

私は大正五年頃兵隊にとられて朝鮮の守備隊におったことがありましたが、その時分大阪毎日新聞に菊池《きくち》幽芳《ゆうほう》の『毒草』という小説が載ったことがある。これは佝僂《せむし》で足の立たない詩人、おそらく筑《つく》波《ば》嶺《ね》詩人横瀬《よこせ》夜雨《やう》を材料にした小説だろうと思いますが、その小説を兵隊に行っている間読んだのでありますが、挿絵が一風変わっているので非常なる興味をもって読んだのであります。小説の方は忘れましたが、挿絵の方は今でもまざまざと記憶に残っています。もっともその挿絵を描いた画家は誰であったか忘れてしまったが、この一、二年前、鏑木清方《かぶらぎきよかた》さんの随筆を読んでいると、きょうこの会場に鏑木さんがいらっしゃるかもしれませんが、挿絵について自分としてもいろいろ工夫をしているが、あの時分活動写真、今の映画をたくさん見て、その活動写真のいろいろの心持を新聞の挿絵にもっていって使ってみようと一つの試みをやってみたということを随筆中に書かれておりますが、私はなるほどこれある哉と思った。やっぱり挿絵画家だな、映画という新要素に注目して挿絵に新しい生命を加えようとしてこれを大正五年頃にやったということは誠に面白いと思った。今後も日本の挿絵が新聞の真ん中にある限りは、映画ばっかり参考にするわけにはいきませんが、いろいろの変わった方面から考察していかないと挿絵芸術は行き詰まると心配をしておる次第であります。

私は久米さんよりも小説を書くのは遅く、自分自身の経験はたくさん持ち合わしておりませんが、ある時に、「サンデー毎日」の小説を書くので「サンデー毎日」から挿絵画家は誰に頼むかというから、木村荘八《きむらしょうはち》さんに頼んでもらいたい。その時に私の方から絵の注文をつけるから木村さんにあした来るように話したのでした。どういう注文をつけるかというと、その書きました小説というのはこの頃大変病気が悪いという西園寺公が、明治四年か、五年頃フランスに行った時、その頃評判の探偵物で、ボアゴベイの探偵物で、かつて黒岩涙香《くろいわるいこう》が訳したことがある。ちょうど時代がその時分だから、黒岩涙香の小説にあるような絵を描いてもらいたいという注文をつけたのです。ところが出来たその挿絵というのが非常に面白くて、これは単行本の中にも入れたいものだ、捨てるに惜しいから木村さんに頼んで私の小説集の中に入れることにした。爾来《じらい》この人に頼めば間違いはない。私の小説は面白くないので、挿絵で読んでもらっているようなわけです。木村さんは私と同じ趣味でこちらから小説の原稿を渡すと、絵の参考書はありませんかという。私の家に来ればあるからと、いろいろな参考書を木村さんに預ける。そこでこっちで思ったものよりよいものが出来て、爾来私の書いた小説もこれがために受けて、非常に今日まで助けられてきております。ところで荘八さんも木村、私も木村、同じ木村なもんですから、よく人から「あなたは荘八さんと兄弟ですか？」なんて言われることがありますが、とんでもない。木村荘八さんの方は生え抜きの江戸っ子で、家はというと牛肉屋の息子さん、私は岡山の百姓の息子、全然縁が無いなどと、いささか旅行するたんびに閉口しておるようなわけであります。

それから先年私は東京日日と大阪毎日に『ラグーザお玉』の小説を書いた。これはイタリーにいる時分、今から五十年程前からイタリーにおって、日本に帰らないという女がありますので、イタリーでいろいろと材料を調べて帰った。当時十一谷義《じゅういちやぎ》三郎《さぶろう》君が『唐人お吉』を書いて評判を取っていたものだから、まあ『唐人お吉』のようなものを書くつもりでおったところが、お玉さんの生まれ場所を調べると清原という家で、芝のどこそこ――場所は忘れましたが、そこにお玉さんの家族の者がおられるということがわかったものですから、それは大変だ。『唐人お吉』を書くようなつもりで、いい加減のことを書いたら、家族の人達が見て間違っていると突っ込まれては大変だと思ったから、芝の何町かに清原という家があるのを探し当てて、私は実はあなたのところにおられたこれこれの人のことを書こうと思っているのだが、あなたのところにこういう人がおったことがあるのならぜひ聞かして欲しいがと頼み込んだ。ところが自分の方のことを書かれるものですから、先方もなかなか承知してくれなかったのですが、無理に願ったところが、ようやくにして承知をしてくれた末「お玉さんが子供の時からずっと残っているものを見せましょう」というので出されたのを見ると、長持に何杯ということなく絵が残っている。その中からつくづく見ると、お玉さんが五ツ六ツの頃からの絵で、系統的に残っている。子供の時からの絵がきちんと残っている。家に行って絵を見せられた以上、これを『唐人お吉』のようにでたらめのものを書いては清原家に対しても申し訳がない。またご当人はイタリーにまだ生きているからいつ帰って来ないものでもない。そこで今までの構想を変えてこの事実によってあの小説を書いて、まあまあでたらめのことを書かなかったと安心したわけです。ところであの小説が縁になって『ラグーザお玉』は五十三年目に日本に帰って来たのであります。その以前私はあの小説が新聞に出ますとそれをイタリーに送ってあげたのです。

お玉さんはその新聞を見ようとしても日本語をすっかり忘れてしまっているので解りません。ところが挿絵の中にお玉さんが子供の時に描いた絵を入れて、木村君に挿絵を描いてもらった。その時分よく荘八さんとは会っていたが、荘八さんは絵を描くに、どうも今度の絵は出来がよくなかったといっていたが、ともかくもこれをイタリーのお玉さんの許に送った。よしお玉さんは日本語を忘れてしまって本文が読めなくとも、自分が五ツ六ツの時分に描いた絵には覚えがあります。そこで私は英語で手紙を書いてお玉さんにあげた。お玉さんからは返事が来たが私はイタリー語が読めないのでイタリー公使館に行って読んでもらったというわけで、そうこうしている間にお玉さんは五十三年目に日本に帰って来た。その時に「ああよかった。あれがもし『唐人お吉』のようなものを書いて、非常な空想を逞《たくま》しゅうしたならば、大変なことになる。またもしお玉さんに話が出来るならば、真面目に事実を調べて小説を書いたことを話そう」と思いました。木村君も真面目に事実を調べて、非常に真面目な挿絵を描きましたために、私も非常に愉快を感じましたし、荘八君も定めて愉快であったろうとひそかに思うのであります。

それで、今は西洋の傾向から申すと、非常に絵が大変重んぜられ、本文の説明に挿絵が使われるどころではない、絵でもって写真の説明をしている。それからドイツでは近頃絵を主題にした字引まで出ております。これは大変に役に立つ字引で、日本では三省堂の字引でまねたものがあります。たとえば魚を釣る浮木《うきぎ》。浮木というドイツ語があるが、浮くという言葉と、魚を釣る浮木と、いろいろの名称があるが、それは実物を見ないと何であるかがわからない。ところが挿絵のある絵ばかりの字引を見ると、木の一番とっさきが尖《とが》ってそれに糸を通して用いるというようなことがわかる。その他いろいろのことが細かくわかるように出来ておるのであります。そういう次第で、百科全書まで近頃は非常に絵が主となるような時代がきましたから、今に、新聞ももう字なんかいらない、絵ばかりの小説が出て来はしないかと思う（笑声）。そうなると挿絵画家の方は勢いがいいが、我々の方は飯の喰い上げになって、非常に困るかもしれませんが、しかしながらそういうことはないともいえない。それは漫画でありまして、漫画の方は絵ばかりで説明の文章は付けたりになっているものもある。漫画風に絵ばかり見て、一家が楽しめる。本文なんか役に立たないからいらないという時代が来ないとも限らない。私は新聞に文章を書きますから、そういうことにならないことを望んでおりますが、絵描きさんの方ではそういう風になることを望んで来る。すると画家は大政翼賛どころではない、画家のいますが、我々の方が画家のために、大政翼賛、臣道の実践になるのじゃないかと思います。

大変詰まらぬことばかり申しましたが先程申したように何とかかとかごまかして三十分（笑声）にまだ一、二分足りない。ちょうど三十分にはなりませんが、この辺で切り上げさせていただきたいと思います。（拍手）

（『明治・大正・昭和　挿絵文化展記念図録』所収、日本電報通信社、昭和一六年七月）

＊　日本電報通信社（現・電通）は、昭和一五年、紀元二千六百年、ならびに同社創立四〇周年を記念して、「明治・大正・昭和　挿絵文化展覧会」を開催し、あわせて記念講演会をひらいた。本論はそのときのもので、ほかに久米正雄、岩田専太郎、石井鶴三、木村荘八、本間久雄が講演した。文中、一部に差別的表現がみられるが、筆者は故人であり、原文のままとした。

後記

巻頭で本書刊行の動機と経緯について記したが、これまで「いささか取っつきにくい」前著『編集研究』に付き合ってくださった学生諸君に感謝しなくてはならない。今回の改訂で少しは読みやすくはなっただろうか？

第2部に掲載した諸先輩の編集にかかわる文章を、ここでは現代表記に改めさせていただいた。現在の社会風潮、初学者にとっての取っつきやすさ、組み版の都合等を考慮したことによる。本当にこれで良かったのかどうか自信がないが、多くの先例に倣ってこうした。このためそれぞれが執筆された時代の香りがいささか損なわれている。願わくは、原資料閲覧のために別機会を設けて挑戦していただきたい。

本書の編集責任は酒井道夫が負うが、第2部の構成は、前著で安達史人氏、小林加世子氏、松下眞也氏に文献の選択、校閲上でご助力いただいたものに、今回は新たに遠藤卓哉氏にご参加いただき部分的な改訂を加えた。

ちなみに前著の第1部では、安達史人氏、いとうせいこう氏、松下眞也氏にご執筆いただいた。今回、ご交代いただいた経緯は巻頭に申し上げた理由によるが、編者としては前著に相変わらず強い未練を残すところである。機会があれば、読者がこちらにもお目通しくださることを密かに願っている。

（酒井道夫）

執筆者紹介

第1部

酒井道夫（さかい　みちお）

一九三九年生まれ。武蔵野美術大学教授。早稲田大学第二文学部美術専修卒業。戦後デザインの勃興期にインテリア・デザイン、建築デザイン等の雑誌編集に携わり、一九七〇年、武蔵野美術短期大学専任講師。著書に『印刷文化論』（武蔵野美術大学出版局、二〇〇二年）、編著に『編集研究』（武蔵野美術大学出版局、二〇〇二年）、共編著に『造形学研究』（武蔵野美術大学出版局、二〇〇三年）、『タウトが撮ったニッポン』（武蔵野美術大学出版局、二〇〇七年）

田村　裕（たむら　ゆたか）

一九五三年生まれ。武蔵野美術大学大学院造形研究科デザイン専攻修了。総合企画プロデュース、出版社を経て編集プロダクションに勤務。一九八五年、企画・編集・制作会社「㈱オム」を設立。一九九一年〜二〇〇一年、武蔵野美術短期大学生活デザイン科非常勤講師。共著に『デザインリサーチ』（武蔵野美術大学出版局、二〇〇二年）

高橋世織（たかはし　せおり）

一九五一年生まれ。東京工業大学世界文明センター特任教授、文芸評論家。早稲田大学政治経済学部卒業。

早稲田大学大学院文学研究科博士課程満期退学。北海道大学助教授、早稲田大学教授を歴任。著書に『感覚のモダン——朔太郎・潤一郎・賢治・乱歩』（せりか書房、二〇〇三年）、編著に『映画と写真は都市をどう描いたか』（ウエッジ選書、二〇〇七年）

金子伸二（かねこ　しんじ）
一九六四年生まれ。武蔵野美術大学准教授。武蔵野美術短期大学生活デザイン科卒業。上智大学大学院哲学研究科哲学専攻博士前期課程修了。著書に『造形学概論』（武蔵野美術大学出版局、二〇〇四年）、共編著に『造形学研究』（武蔵野美術大学出版局、二〇〇三年）、共著に『編集研究』（武蔵野美術大学出版局、二〇〇二年）

第2部

内田魯庵（うちだ　ろあん）
一八六八（慶応四）年〜一九二九（昭和四）年。江戸出身。本名は貢《みつぎ》。魯庵は号。別号に不知庵。筆名に三文字《さんもんじ》屋《や》金平《きんぴら》。小説家、評論家、翻訳家。巌本善治《いわもとよしはる》の『女学雑誌』で文芸評論を書き、文壇に登場。丸善のPR誌『学鐙』の創刊時（一九〇一年）の編集長で、長らく同誌で書評や随筆を書いた。社会小説『くれの廿八日』や『社会百面相』、ドストエフスキーの『罪と罰』の翻訳、文壇回顧録『思ひ出す人々』などで知られる。『内田魯庵全集』（ゆまに書房、一九八三年）

市島春城（いちしま　しゅんじょう）

一八六〇（安政七）年～一九四四（昭和一九）年。越後（新潟県）出身。本名は謙吉。春城は号。政治家、ジャーナリスト、随筆家。一八八二（明治一四）年、大隈重信の立憲改進党に参加。のち『新潟新聞』『読売新聞』主筆をへて衆議院議員。東京専門学校（現早稲田大学）の設立とその経営に尽力。とくに同校の初代図書館長として図書館の充実につとめた。日本図書館協会初代会長。『市島春城随筆集』（クレス出版、一九九六年）

前田　晁（まえだ　あきら）

一八七九（明治一二）年～一九六一（昭和三六）年。山梨県出身。編集者、小説家、翻訳家。妻は児童文学者、徳永寿美子。田山花袋が主宰した『文章世界』（博文館）にその創刊時より編集に携わる。自然主義文学の台頭と興隆を実務的に支えた。著書に『明治大正の文学人』（砂子屋書房、一九四二年。日本図書センター、一九八三年）など。翻訳に『キイランド短編集』（岩波文庫、一九三四年。岩波文庫、一九九六年）など。

木村　毅（きむら　き）

一八九四（明治二七）年～一九七九（昭和五四）年。岡山県出身。小説家、評論家。隆文館、春秋社に勤務するかたわら、評論などの創作活動を行う。明治文化研究会に参加。明治文化・文学研究や、大衆文学・実話文学研究などに優れた業績をあげた。執筆分野は多岐にわたり、膨大な著作が残されているが、全集としてまとめられていない。著書に『小説研究十六講』（新潮社、一九二五年）、『ラグーザお玉』（千

倉書房、一九三一年)、『星旗楼秘聞』(春陽堂、一九三一年)、『大衆文学十六講』(橘書店、一九三三年)
など。

教養としての編集

二〇〇九年四月一日　初版第一刷発行

編者／酒井道夫

著者／酒井道夫＋田村　裕＋高橋世織＋
　　金子伸二

編集・制作／株式会社武蔵野美術大学出版局

表紙デザイン／白尾デザイン事務所

発行所／株式会社武蔵野美術大学出版局
　一八〇―八五六六
　　東京都武蔵野市吉祥寺東町三―三―七

電　話／〇四二二―二三―〇八一〇

印刷・製本／株式会社精興社

ISBN978-4-901631-87-7 C3036